SAMMLUNG GÖSCHEN BAND 1159

Gießereitechnik

Von

Dr. Ing. habil. **Hans Jungbluth**

ord. Professor a. d. Technischen Hochschule Karlsruhe

I

Eisengießerei

Mit 44 Abbildungen

Walter de Gruyter & Co.

vormals G. J. Göschen'sche Verlagshandlung · J. Guttentag, Verlagsbuchhandlung · Georg Reimer · Karl J. Trübner · Veit & Comp.

Berlin 1954

Archiv-Nr. 111159
Satz von Walter de Gruyter & Co., Berlin SW 61
Druck von Thormann & Goetsch, Berlin SW 61
Printed in Germany

Inhaltsverzeichnis

Übersicht über das hauptsächliche Schrifttum

„Handbuch der Eisen- und Stahlgießerei", herausgegeben von C. Geiger, Bd. 1—4. Springer, Berlin 1925—1931.
B. Osann, „Lehrbuch der Eisen- und Stahlgießerei". W. Engelmann, Leipzig 1922.
— —, „Moderne Stahlgießerei für Unterricht und Praxis". Springer, Berlin 1936.
— —, „Gattieren in der Eisengießerei". Eckardt und Meßtorff-Verlag, Hamburg 36, 1937.
— —, „Modernes Trocknen von Form und Kern". Eckardt und Meßtorff-Verlag, Hamburg 36, 1938.
E. Piwowarsky, „Der Eisen- und Stahlguß. Gußeisen, Temperguß, Hartguß, Stahlguß auf der 6. Gießereifachausstellung in Düsseldorf 1936". Düsseldorf 1936.
H. Fettweis und L. Frede, „Gießereikunde". Julius Beltz, Langensalza-Berlin-Leipzig 1940—41.
Sammlung „Werkstattbücher". Springer Berlin, vornehmlich die Nummern 10, 14, 17, 37, 66, 68, 70, 72 für die Technologie und die Nummern 19, 24, 30, 32, 45, 53 für die Werkstoffkunde.
„Die Betriebspraxis der Eisen-, Stahl- und Metallgießerei", herausgegeben von H. Hermanns, Druck und Verlag von Wilhelm Knapp, Halle (Saale), 23 Bändchen von 1926—1937.
E. Schüz und R. Stotz, „Der Temperguß". Springer, Berlin 1930.
„Das Gießereiwesen in gemeinfaßlicher Darstellung". Gießerei-Verlag, Düsseldorf 1941.
„Hütte", Taschenbuch für Eisenhüttenleute. W. Ernst & Sohn, Berlin 1930, VIII. Abschnitt.
„Betriebshütte", Taschenbuch für Betriebsingenieure. W. Ernst & Sohn, Berlin, demnächst.
L. Schmid, „Der Bau und der Betrieb der Kupolöfen". Druck und Verlag Wilhelm Knapp, Halle (Saale), Bd. 1, 1933, Bd. 2, 1937.
„Handbook of Cupola Operation", herausgegeben durch American Foundrymen's Association, 222 W. Adams Street, Chicago 6, Illinois (1946).
W. Callenberg, „Die Trocknung von Formen und Kernen in der Gießerei". Gießerei-Verlag, Düsseldorf 1942.
W. Weichelt, „Wege zur Höchstmechanisierung in der Gießerei". Gießerei-Verlag, Düsseldorf-Pößneck 1945.
E. Piwowarsky, „Hochwertiges Gußeisen, seine Eigenschaften und die Physikalische Metallurgie seiner Herstellung". Springer, Berlin 1942.
O. Johannsen, „Geschichte des Eisens". Verlag Stahleisen m. b. H., Düsseldorf 1925.

1. Einteilung der Gießereien

Man kann die Gießereien nach den verschiedensten Gesichtspunkten einteilen. So unterscheidet man nach dem vergossenen Metall die Eisen- von den Metallgießereien. Die Eisengießereien[1]) unterteilt man wieder in Grau-, Temper-, Hartguß- und Stahl-Gießereien, die Metallgießereien in Schwermetall- (vornehmlich Messing und Bronze) und Leichtmetall- (Aluminium, Magnesium und ihre Legierungen) Gießereien. Liefert die Gießerei vornehmlich oder ausschließlich an werksfremde Besteller, spricht man von einer Kundengießerei, versorgt sie aber eine mit ihr verbundene Maschinenfabrik, nennt man sie eine Werksgießerei. In vorliegendem Bande werden nur die Eisengießereien besprochen.

2. Geschichte

Die Kunst, Nichteisenmetalle zu gießen, ist weit länger bekannt, als der Eisenguß. Er konnte sich erst entwickeln, als es gelungen war, das aus den Erzen reduzierte Eisen in den Hochöfen so hoch zu kohlen, daß der Schmelzpunkt tief genug ($\sim 1200^0$ C) zu liegen kam. Das war Ende des 14. Jahrhunderts nach der Zeitrechnung der Fall, und zwar durch Verstärkung der Gebläseleistungen der damaligen Stücköfen, die so erst zu wirklichen Hochöfen wurden. Es war „zwiegeschmolzenes Eisen" aus den Stücköfen, d. h. eigens zum Vergießen in Formen gewonnenes Eisen. Zunächst wurden eiserne Geschützkugeln hergestellt, z. B. von Ullrich Beham in Memmingen 1383 und zu Beginn des 15. Jahrhunderts auch kleine Geschütze,

[1]) Der Sprachgebrauch ist nicht immer genau; vielfach bezeichnet man mit „Eisengießerei" die „Graugießerei".

z. B. 1452 in Lille. Dazu goß man gegebenenfalls sofort aus dem Hochöfen („Guß aus dem Erz"). Auch pflegte man den Herdguß (s. 6. 111). 1445 wurden zu Siegen in der ersten zu ihrem Zweck gebauten Gießerei eine große Anzahl eiserner Kanonen als „Guß erster Schmelzung" (s. 4.) hergestellt. Ende des 15. Jahrhunderts kam der dünnwandige Topfguß nach dem Wachsausschmelzverfahren in stark vorgewärmten Formen auf. Auch eiserne Rohre und Ofenplatten (erstmalig 1474) sind aus dieser Zeit bekannt. Im 16. Jahrhundert führte man die Herstellung gußeiserner Grabplatten und Feuerböcke ein. 1681 bis 1688 wurde die Wasserkunst von Versailles gebaut, bei der schon gußeiserne Flanschenrohre verwendet wurden, und 1785—1790 stellten schottische Hütten dünnwandige Abflußrohre her.

Ein besonderer Markstein in der Geschichte des Eisengußes ist die Erfindung des koksgeheizten Gießereischachtofens (Kupolofen s. 4. 11) durch John Wilkinson, dem 1794 dieser Ofen durch Patent geschützt wurde. Ein weiterer bedeutender Fortschritt war die Einführung der Modellplatte (s. 6. 115) im Jahre 1827. Auf der Pariser Weltausstellung 1855 wurde die erste Abhebeformmaschine (s. 6. 115) gezeigt. 1890 wurde das erste Fließband bei der Westinghouse Co., 1909 der erste Lichtbogenofen in der Gießerei eingeführt.

Der Stahlguß ist verhältnismäßig jung. Im Jahre 1851 goß Jakob Mayer von der Firma Mayer und Kühne zu Bochum (jetzt „Bochumer Verein") zum ersten Male Stahl, und zwar zu Kirchenglocken. Es waren 6 Stück im Gewicht zwischen 90 und 1350 kg in Es-Dur, die auf der Rheinisch-Westfälischen Ausstellung zu Düsseldorf im Jahre 1852 zu sehen und zu hören waren. Seitdem hat Stahlguß bezüglich der Schmelzeinrichtungen und seiner Qualität die Entwicklung des Walz- und Schmiedestahles mitgemacht und wird auch in legierter Qualität geliefert. Die Formtechnik unterscheidet sich im Grundsätzlichen nicht wesentlich von der des Eisengußes.

3. Roh- und Brennstoffe der Eisengießereien

In jeder Gießerei unterscheidet man grundsätzlich drei Abteilungen: die Schmelzerei, die Formerei nebst Gießerei und die Putzerei. Alle drei benötigen Roh- und Hilfsstoffe.

3. 1 Die Rohstoffe

3. 11 Roheisen

Der wichtigste Rohstoff für die Eisengießereien ist das Roheisen, eine Eisen-Kohlenstoff-Legierung mit etwa 3—4,5% C und regelmäßigen Beimengungen von Silizium, Mangan, Phosphor, Schwefel sowie gelegentlich solchen von Nickel, Chrom, Titan, Vanadin usw. Es wird im allgemeinen im Blashochofen, seltener, z. B. in Skandinavien, im elektrischen Hochofen aus den Erzen durch Reduktion mit Kohlenstoff (meist Koks, manchmal auch z. B. in Skandinavien, Holzkohle) gewonnen, wobei im Blashochofen der Kohlenstoff auch noch durch Verbrennung die nötige Reduktionstemperatur zu liefern hat. Je nachdem die zugeführte Verbrennungsluft, der „Wind", mit Temperaturen von 600—800° C oder mit 300—400° C in den Hochofen eintritt, spricht man von „heiß erblasenem" oder „kalt erblasenem" Roheisen. Das meist verwendete Roheisen ist heiß erblasen, nämlich die Gießereiroheisensorten und die Hämatite, kalt erblasene Roheisen sind immer Spezialitäten. Endlich gibt es noch synthetische Roheisen, die im elektrischen Lichtbogenofen, im Kupolofen oder in einem Herdofen durch Aufkohlen von Stahl mit Koks oder Holzkohle hergestellt werden.

Man unterscheidet nach dem Bruchaussehen grundsätzlich graues, weißes und meliertes Roheisen. Im grauen Roheisen liegt der Kohlenstoff überwiegend als Graphit, im weißen ganz als Eisenkarbid (Fe_3C), und zwar in dem metallographisch als Ledeburit bezeichneten Gefügebestandteil, und im melierten teils als Graphit, teils als Karbid im Ledeburit vor[1]).

Der Gießerei wird das Roheisen als „Masseln" angeliefert, d. h. in Stücken von etwa 35—50 kg Gewicht und einer Größe von etwa 100 × 100 × 800 mm oder 70 × 200 × 550 mm. Die Masseln können in Sand gegossen sein, dann ist der Bruch meist grau und die Masseln haben Sandanhang, oder in Kokillen (z. B. in Gießmaschinen), dann ist der Bruch weiß bis meliert, die Masseln haben keinen Sandanhang und ihr Gewicht beträgt nur etwa 30 kg.

Man kann die Roheisensorten einteilen:

1. nach dem Phosphorgehalt:
phosphorarmes Roheisen (< 0,12% P): Hämatite,
≦ 0,9% P: deutsches Gießereiroheisen I und III,
1—2% P: Gießereiroheisen IV,
IV a mit 1—1,5% P: englisches oder Amberger Roheisen,
IV b mit 1,6—2,2% P: Luxemburger Roheisen;
2. nach dem Siliziumgehalt:
2,25—3,0% Si: Gießereiroheisen I,
1,8—2,5% Si: Gießereiroheisen III;
3. nach dem Verwendungszweck:
z. B. Temperroheisen für Tempergießereien,
Zylindereisen zur Herstellung von Dampf- und Automobilzylindern,
Sonderroheisen, meist nach der erzeugenden Hütte benannt, z. B. Siegerländereisen (kalt erblasen und mit erhöhtem Mn-Gehalt),
Migraeisen (thermisch im Martinofen nachbehandelt),
Silbereisen (mit niedrigem C-Gehalt),
Nicrofen (mit Ni- und Cr-Gehalt),
HK-Sonderroheisen (mit tonerdereicher Schlacke hergestellt),
Stahleisen,
Titanroheisen.

[1]) Siehe hierzu H. Borchers, „Metallkunde". Sammlung Göschen, Bd. 432 und 433.

3. 12 Gußbruch und Schrott

Gußbruch wird nicht nur aus wirtschaftlichen, sondern auch aus Gründen der Gußqualität dem Ofeneinsatz (der „Gattierung", s. 4. 116) zugesetzt.

3. 121 Gußbruch

Man unterscheidet Eigenbruch und Kaufbruch. Eigenbruch fällt in der eigenen Gießerei an, man kennt deshalb seine Zusammensetzung ziemlich genau im Gegensatz zum Kaufbruch, den man vom Markt, z. B. vom Schrotthändler oder von anderen Gießereien bezieht. Als Anhalt für seine Zusammensetzung kann dienen:

Schwerer, d. h. dickwandiger Maschinenbruch und Bruch von Stahlwerkskokillen haben einen niedrigen Silizium- und Phosphorgehalt bei höherem Mangangehalt. Beim allgemeinen Maschinenbruch ist die Zusammensetzung sehr unbestimmt. Leichter, d. h. dünnwandiger Maschinenbruch hat einen höheren Silizium- und Phosphorgehalt. Sogenanntes „Brandeisen", d. h. Gußeisen, das längere Zeit mit Feuergasen in Berührung war, z. B. Roststäbe, ist zwar billig, aber fast immer ungeeignet für die Gießerei, da es störende Oxyde und Sulfide enthält.

3. 122 Schrott

Unter Schrott versteht man immer Stahlschrott. Er steht meist als niedrig oder mäßig (0,1—0,4% C), seltener als höher gekohlter (> 0,4% C) Stahl zur Verfügung und kann in seiner Stückelung sehr verschieden sein. Am angenehmsten sind Abfälle von Knüppeln. Stahlspäne, auch wenn sie brikettiert sind, werden nicht in Graugießereien, wohl aber in Stahlgießereien verwendet.

Stahlschrott wird nicht nur zur Verbilligung des Einsatzes, sondern vor allem zur Erniedrigung des Kohlenstoffgehaltes in Graugießereien der Gattierung zugesetzt.

3. 13 Legierungszusätze und Feinungsmittel

Legierungszusätze sollen der Schmelze bestimmte Elemente zuführen, während Feinungsmittel die

Schmelze von unerwünschten Elementen zu befreien haben.

3. 131 Legierungszusätze

Als wichtigste Legierungszusätze seien genannt: Ferrosilizium, das zum Aufsilizieren der Schmelze und zu ihrer Desoxydation dient. Es ist als Hochofenferrosilizium mit 9—14% Si und als Elektroofenferrosilizium mit 45 bzw. 75% Si im Handel. Manganzusätze pflegt man in Form von Spiegeleisen mit 6 bis 12% Mn, oder in Form von Ferromangan mit 50 bzw. 80% Mn zuzugeben. Es handelt sich bei diesen Legierungen gleichfalls um Hochofenprodukte. Auch der Silikospiegel mit 6—16% Mn und 30% Si, sowie der Phosphorspiegel mit erhöhtem Mangan- und Phosphorgehalt stammt aus diesem Ofen, während Ferrophosphor, Ferrochrom, Ferromolybdän und Ferronickel meist im Elektroofen erschmolzen werden. Endlich wird auch Reinnickel als Legierungszusatz gebraucht.

Alle diese Legierungsmittel kommen auch als „Pakete" in den Handel, wobei das Metall in eine gegen Abbrand schützende keramische Masse eingebettet ist („EK-Pakete", „Wachenfeld-Pakete").

3. 132 Feinungsmittel

In den Eisengießereien wird zur Entfernung des Schwefels Soda (Na_2CO_3) verwendet. Man setzt sie entweder im Vorherd des Kupolofens (s. 4. 111) oder in der Pfanne (s. 6. 2) zu. Die Vorherde oder Pfannen dürfen in diesem Falle nicht „sauer", d. h. mit Silikaten (z. B. Sand), sondern müssen „neutral", d. h. mit Schamotte ausgekleidet („zugestellt") sein, da sonst der Vorherd bzw. das Pfannenfutter durch das basische Entschwefelungsmittel angegriffen wird. Bei dieser Entschwefelung tritt immer ein Verlust an Silizium in der Schmelze ein nach dem Reaktionsschema:

$$2\,Na_2O + 2\,FeS + Si = 2\,Na_2S + 2\,Fe + SiO_2$$

$$Na_2O + SiO_2 = Na_2O \cdot SiO_2$$

3. 14 Zuschläge

Die Zuschläge dienen dazu, in dem Ofen eine geeignete, vor allem entschwefelnde Schlacke nicht zu großer Viskosität (Dickflüssigkeit) herzustellen. Vor allem wirkt Kalkstein entschwefelnd. Es ist wichtig, daß der Kalziumkarbonatgehalt ($CaCO_3$) des Kalksteins hoch genug ist (> 98 %). Flußspat (CaF_2) macht eine, z. B. durch zu hohen Kalkgehalt, dickflüssig gewordene Schlacke wieder dünnflüssig, wobei auch eine weitere Entschwefelung eintritt. Die entstehenden Fluorgehalte in den Abgasen sind für die Vegetation der Umgebung schädlich, so daß Flußspat nur in Ausnahmefällen verwendet werden sollte.

3. 2 Die Brennstoffe

Man benötigt in Gießereien Brennstoffe zum Schmelzen des Eisens oder Stahles, zum Trocknen der Formen und Kerne und für Glüh-, Vergüte-, Temper-, Emaillieröfen usw.

Man kann sie einteilen in feste, flüssige und gasförmige Brennstoffe.

3. 21 Die festen Brennstoffe

Der wichtigste feste Brennstoff in der Gießerei ist der Koks, der aus fetten, bituminösen Steinkohlen, den sogenannten Fettkohlen, in Kokereien durch Entgasung (häufig fälschlich als „trockene Destillation" bezeichnet) bei 1000—1200° in geschlossenen Räumen, „Kammern" genannt, gewonnen wird (daneben fällt Koksofengas oder Ferngas an; s. 3. 22). Seine Zusammensetzung ist in abgerundeten Ziffern, auf wasser- und aschefreie Brennstoffmasse bezogen [1]):

C %	H_2 %	O_2 %	N_2 %	S %
96 bis 97	0,6	0,4 bis 1,0	1,0 bis 1,3	1,0

1) Nach Eisenhütte 1930, S. 300.

Dazu ist mit einer Feuchtigkeit von etwa 3—6% und einem Aschegehalt von 7—10% zu rechnen. Der untere Heizwert liegt bei 6500—7200 kcal/kg. Man teilt den Zechenkoks folgendermaßen ein:

	Korngröße:	
Hochofenkoks	> 80 mm	für Hochöfen
Gießereikoks	[1]	für Kupolöfen
Spezialgießereikoks	[1]	
Brechkoks I	80—60 mm	zum Befeuern von Tiegelöfen
Brechkoks II	60—40 mm	
Brechkoks III	40—20 mm	
Brechkoks IV	20—10 mm	
Koksgrieß	10— 0 mm	für Trockenzwecke

Man beurteilt den Koks nach:
a) der Stückigkeit,
b) der Abriebfestigkeit,
c) der Reaktionsfähigkeit,
d) der Porigkeit.

Die Stückigkeit ermittelt man durch Siebung, die Abriebfestigkeit wird durch die Trommelprobe (Syndikattrommel) festgestellt: Man füllt 50 kg Koks in eine Trommel von 1 m Durchmesser und 1 m Länge, die innen mit 4 Winkelleisten (Schlagleisten) versehen ist. Die Trommel dreht man 100 mal in 4 Minuten (also 25 U/min). Der Siebrückstand in Prozent der Einwaage auf einem 40 mm Rundlochsieb gibt die Trommelfestigkeit an, der Grusanfall unter 10 mm dient als Maß für die Abriebfestigkeit. Für Hochofenkoks sind auf Grund dieser Prüfmethode bereits Qualitätsziffern festgelegt, für Gießereikoks noch nicht. Jedoch verlangt man von Gießereikoks, daß er möglichst grobstückig (größer als Hochofenkoks!) und möglichst hart, d. h. möglichst abriebfest sei. Im allgemeinen hat Hochofenkoks eine Trommelfestigkeit von 65 bis 70%, Gießereikoks eine solche von 75 bis 80%. Unter Reaktionsfähigkeit versteht man das Vermögen des Kokses, bei hohen Temperaturen (> 1000° C) Kohlensäure zu Kohlenoxyd zu reduzieren. Man hat wissenschaftliche Methoden entwickelt, um die Reaktionsfähigkeit festzustellen,

---

[1] So groß wie möglich.

jedoch ist es noch nicht einwandfrei gelungen, eine Beziehung zwischen der laboratoriumsmäßig ermittelten Reaktionsfähigkeit und dem Verhalten des Kokses im praktischen Betriebe zu finden. Man verzichtet deshalb vorerst auf die Bestimmung dieser Eigenschaft für den Verkauf von Koks. Jedoch verlangt man ganz allgemein, daß Hochofenkoks eine große, Gießereikoks eine geringere Reaktionsfähigkeit besitze. Da die Härte des Kokses im umgekehrten Verhältnis zur Reaktionsfähigkeit steht und man für Gießereikoks möglichst den härtesten nimmt, verwendet man damit auch gleichzeitig den reaktionsträgeren. Da Gaskoks, d. h. Koks aus Gasanstalten, weicher, kleinstückiger und damit reaktionsfähiger ist als Hüttenkoks, verwendet man ihn nur im Notfalle zu metallurgischen Zwecken in Gießereien.

Die Porosität des Kokses, d. h. das Verhalten der scheinbaren zur wahren Wichte, beeinflußt die Reaktionsfähigkeit in dem Sinn, daß ein poröser Koks reaktionsfähiger ist als ein weniger poröser Koks. Der Porenraum beträgt bei Hochofenkoks etwa 50%, bei Gießereikoks etwa 40%.

Koks wird vor allem für Schachtöfen, besonders für den Kupolofen verwendet. Als Brennstoff für Generatoren, die Martinöfen mit Gas beliefern sollen, ist er schlecht brauchbar, wohl aber für solche, die das Gas für Wärme- und Glühofen und Kerntrockenöfen stellen. Nur bei billigem Kokspreis (Koksgrus) ist der Betrieb wirtschaftlich.

Die Kohlen spielen im Gießereibetrieb eine Rolle zur Beheizung von Flammöfen und zur Vergasung in Generatoren.

Für Flammöfen verwendet man eine langflammige Gaskohle mit

C %	H_2 %	O_2 %	N_2 %
77 bis 80	5	13 bis 16	1 bis 2

bezogen auf den asche- und wasserfreien Brennstoff,

dazu eine Feuchtigkeit von 4—6% und einen Aschegehalt von 3—10%. Der untere Heizwert, bezogen auf die rohe Brennstoffmasse, beträgt etwa 6000 kcal/kg.

Für Generatoren, die für Martinöfen verwendet werden, nimmt man am besten eine gute Gaskohle mit im Durchschnitt

C %	H_2 %	O_2 %	N_2 %	S %	H_2O %	Asche %	flüchtige Bestandteile %
75	4 bis 5	5 bis 6	1,5	1	3,5	8	25

Der untere Heizwert beträgt etwa 7000—7200 kcal/kg. Günstig ist Korngröße gemäß Nuß I und II. Auch die Form von Eierbriketts oder Halbbriketts ist vorteilhaft.

Deutsche Rohbraunkohle, vor allem aus dem rheinischen Gebiet, hat einen Wassergehalt bis zu 60% und ist deshalb für den Generatorbetrieb im ungetrockneten Zustande wenig brauchbar, rheinische und mitteldeutsche Braunkohlenbriketts dagegen z. T. sehr gut, wenn der Wassergehalt unter 20% liegt und die Asche nicht zu ungünstig zusammengesetzt ist, so daß sie zur Sinterung neigt. Die Zusammensetzung solcher Briketts ist etwa:

C %	H_2 %	S[1]) %	O_2+N_2 %	H_2O %	Asche[2]) %	Heizwert kcal/kg
50 bis 55	4,0 bis 0,0	0,4 bis 0,6	15 bis 25	10 bis 20	4 bis 6	4000 bis 7000

[1]) Bei mitteldeutschen Braunkohlenbriketts bis 3%.
[2]) Bei mitteldeutschen Braunkohlenbriketts bis 15%.

3. 22 Die gasförmigen Brennstoffe

Gasförmige Brennstoffe haben den Vorteil, daß sie sich leicht und in genauem Verhältnis mit der Verbrennungsluft mischen lassen. Außerdem können sie bequem vorgewärmt werden, wodurch die Flammentemperatur bedeutend steigt. Sie werden vor allem in Stahlgießerein zur Beheizung der Martinöfen benötigt. In erster Linie ist das Generatorgas zu erwähnen, das durch Vergasung von Kohlen gewonnen wird, vornehmlich Kohlenoxyd neben Wasserstoff enthält, und etwa folgende Zusammensetzung und folgenden Heizwert haben kann:

CO_2 %	CO %	CH_4 %	C_nH_m %	H_2 %	N_2 %	H_u kcal/Nm³
3,5 bis 4,0	20 bis 30	2,0 bis 4,0	0,2 bis 0,5	7,0 bis 15,0	55 bis 60	1300 bis 1450

Daneben interessiert das Koksofengas oder Ferngas, das namentlich in den großen Industriebezirken, z. B. im Ruhrgebiet, zur Verfügung steht (s. 3. 21). Es enthält vor allem Methan und Wasserstoff und hat etwa die Zusammensetzung und den Heizwert:

CO_2 %	CO %	CH_4 %	C_nH_m %	H_2 %	N_2 %	O_2 %	H_u kcal/Nm³
2,0 bis 5,0	4,0 bis 8,0	15,0 bis 30,0	1,0 bis 4,0	25,0 bis 55,0	5,0 bis 25,0	0,2 bis 1,0	4200 bis 4800

Das Gas wird meist in Mischung mit Generatorgas oder Hochofengichtgas verwendet.

Endlich kommt noch für Gießereien, die großen Hüttenwerken angeschlossen sind, das Hochofengichtgas in Frage. Es ist ein ausgesprochenes Armgas, das für metallurgische Zwecke zur Erhöhung seiner Heizkraft mit Generatorgas oder Koksofengas gemischt wird (s. oben). Seine Zusammensetzung und sein Heizwert sind etwa:

CO_2 %	CO %	CH_4 %	C_nH_m %	H_2 %	N_2 %	O_2 %	H_u kcal/Nm³
7,0 bis 10,0	25,0 bis 30,0	—	—	2,0 bis 4,0	58,0 bis 60,0	—	~950

3. 23 Die flüssigen Brennstoffe

Auch flüssige Brennstoffe lassen sich leicht im gewünschten Maße mit der Verbrennungsluft mischen, wodurch eine gute Verbrennung erzielt wird; ihre Aufbewahrung ist sehr einfach.

Man verwendet undestilliertes Erdöl (Rohöl), wenn die chemische Zusammensetzung für die Destillation zu große Schwierigkeiten macht. Die Zusammensetzung ist sehr unterschiedlich; man kann etwa rechnen mit:

C %	H_2 %	O_2+N_2+S %	H_u kcal/kg
82 bis 68	12 bis 14	1 bis 5	9500 bis 11500

Ist das Erdöl aber destillierfähig oder destillierenswert, dann verwendet man von den Destillationsprodukten nur die Fraktionen von schweren Ölen (Gasöl) mit ähnlicher Zusammensetzung wie Rohöl, aber nur 0,1 % O_2+N_2 und 0,4 % S.

Mehr noch wird das Teeröl verwendet, ein bei der fraktionierten Destillation des Steinkohlenteers anfallendes Produkt, mit z. B.

C %	H_2 %	O_2+N_2 %	S %	H_u kcal/kg
90	7	2,5	0,3 bis 0,7	8800 bis 9200

Die Öle müssen im allgemeinen wegen ihrer verhältnismäßig großen Viskosität durch Heizschlangen vorgewärmt werden, damit sie leicht zu dem Brenner fließen und gut durch die Verbrennungsluft zerstäubt werden können.

3. 3 Form- und Hilfsstoffe

Zur Herstellung der Formen benötigt man Form- und Hilfsstoffe.

3. 31 Formsande und Massen

Der wichtigste Formstoff der Gießerei ist der Sand, der in prähistorischer Zeit aus Meeresablagerungen entstand und in Lagern (Formsandgruben) vorkommt. Als Formsand besteht er aus einer Grundsubstanz von Quarzkörnern, die mit mehr oder weniger großen Mengen Ton, Eisenoxyden, Eisenoxydhydraten, Kalk, Magnesia und Alkalien vermischt ist. Ton gibt dem Formsand die für die Formzwecke wichtige Bildsamkeit, vor allem, wenn er als kolloidaler Ton vorliegt, während Kaolin die Bildsamkeit herabsetzt. Ein Sand ist mager, wenn sein Tongehalt unter 8% liegt, mittelfett bei 8—18% Ton und fett bei mehr als 18% Ton. Tonärmere Sande sind genügend bildsam, wenn sie feucht sind und etwa 6—10% Wasser enthalten. Man verwendet sie dann auch in diesem Zustande (grüne Sande, „Naßguß"); getrocknet zerbröckeln sie. Tonreiche Sande können bei etwa 250° C getrocknet werden, ohne zu zerbröckeln („Trockenguß"). Völlig tonfreie Sande (Seesand, Silbersand) müssen durch künstliche Bindemittel (s. 3. 32) bildsam gemacht werden. Eisenoxyde, Kalk, Magnesia und Alkalien betrachtet man meist als Verunreinigungen, die die für Formzwecke nötige Feuerbeständigkeit des Sandes herabsetzen. Es sollen deshalb in gutem Formsand nicht mehr als 0,75% Alkalien und nicht mehr als 2,5% Magnesia und Kalk enthalten sein. Für die Eisenoxyde, die adsorptive Eigenschaften besitzen und eventuell die Bildsamkeit verbessern, muß man aber die Einschränkung machen, daß bei einem Gehalt von mehr als 6% erst der praktische Versuch zeigen muß, ob der Sand wirklich unbrauchbar ist, da gerade ein Teil der besten Formsande, z. B. Bottroper Formsand, einen ziemlich hohen Gehalt an Eisenoxyden hat. Die Seegerkegelprobe gibt keine hinreichende Auskunft über die Feuerbeständigkeit eines Sandes. Die Gasdurchlässigkeit des Sandes hängt vom Tongehalt und der Korngröße ab, und zwar nimmt mit steigendem Tongehalt und mit kleiner werdender Korngröße die Gasdurchlässigkeit ab. Die Oberfläche des Gußstückes ist um so sauberer, je feiner der Sand ist. Bei großen und schweren Gußstücken nimmt man gröberen Sand als bei kleinen ($< 0,5$ mm gegenüber $< 0,1$ bis 0,2 mm).

Die Formsandprüfung für den praktischen Betrieb erstreckt sich auf Feststellung des Sand- und Tongehaltes (besser „Schlämmstoffgehalt“ genannt), der Korngrößenanteile des tonfreien Sandes und der Kornform, der Gasdurchlässigkeit, der Scher- und Druckfestigkeit und der Feuchtigkeit.

Sand- und Tongehalt werden dadurch bestimmt, daß eine abgewogene Probe zunächst in Wasser mehrfach aufgekocht wird, wodurch sich der Ton vom Sande trennt und im Wasser als Trübe aufgeschlemmt zurückbleibt. Die Tontrübe wird abgegossen, der zurückgebliebene Sand getrocknet, unter einem Mikroskop auf hinreichende Tonfreiheit geprüft und dann ausgewogen. Den Sandgehalt ergibt die Auswiegung unmittelbar, der Tongehalt ist die Differenz zwischen Rohsand- und Reinsandgewicht.

Die Korngröße des Sandes bestimmt man durch Absieben des tonfreien Sandes mit Drahtsieben oder auch mit Seidengazesieben.

Man nimmt dazu am besten 4 Siebe, die folgende 5 Korngrößenstufen zu unterscheiden ermöglichen:

1. größer als 0,3 mm 2. 0,2 bis 0,3 mm
3. 0,1 bis 0,2 mm 4. 0,06 bis 0,1 mm und
5. kleiner als 0,06 mm.

Die einzelnen Absiebungen werden gewogen und in Prozent des Gesamtgewichtes angegeben. Ein Formsand ist gut, wenn er überwiegend aus zwei nebeneinander liegenden Korngrößenklassen besteht. Sind überwiegend 2 auseinander liegende Klassen vertreten, z. B. 2 und 5, dann ist er schlecht, da bei der Schüttung die kleinen Körner sich eng zwischen die großen Körner legen, so die Poren verstopfen und den Sand gasundurchlässig machen.

An Korntormen treten auf: Prismatisch-zackig-splitterige, vieleckige und eirunde. Früher nahm man an, daß für Zwecke des Formsandes die zackigen und vieleckigen erwünschter sind als die runden, da sie sich mit der Formsubstanz besser verhaken. Neuerlich aber ist man der Meinung, daß die eirunden auch hinreichend abbinden und dabei noch weniger Bindemittel verbrauchen als die zackigen. Heute wird ganz überwiegend in den Gießereien die Gasdurchlässigkeit des Sandes mit dem American Foundrymen's Standart-Apparat nach Dietert bestimmt, der außer mit amerikanischer Teilung auch mit dezimaler Teilung für den Gebrauch auf dem europäischen Kontinent im Handel ist. Es wird in einer Metallhülse ein Sandzylinder von 5 cm Durchmesser und 5 cm Höhe durch Rammen mit einem Gewicht von 6340 g, das aus einer Höhe von 5 cm dreimal auf den Sandträger niederfällt, hergestellt. Die Metallhülse mit der Sandprobe wird auf einem Düsenstutzen befestigt, und aus einer beschwerten Glocke gelangt Luft durch ein Rohr über einen Absperrhahn und eine Düse (0,5 bzw. 1,5 mm Öffnungsdurchmesser) unter die Sandprobe. Die hindurchfließende Luftmenge V ist dann

proportional dem Querschnitt F,

protortional dem Druckunterschied p an den Endflächen,

proportional der Zeit,

proportional einem Durchlässigkeitskoeffizienten Gd, umgekehrt proportional der Höhe h, also

$$V = \frac{F \cdot p \cdot t \cdot Gd}{h}$$

$$Gd = \frac{V \cdot h}{F \cdot p \cdot t}$$

Die Gasdurchlässigkeit wird demnach angegeben durch die Luftmenge, die bei einem Überdruck von 1 cm Wassersäule in 1 Minute durch 1 cm^3 des Probekörpers fließt.

Zur Ermittlung der Druck- und Scherfestigkeit benutzt man denselben Probekörper, wie für die Prüfung der Gasdurchlässigkeit. Er wird aus der Metallhülse entfernt, in eine Spezialdruckpresse überführt und mit Öldruck über eine beim Druckversuch kreisrunde und beim Scherversuch halbmondförmige Auflagefläche bis zum Bruch in Richtung der Zylinderachse belastet. Die Druck- bzw. Scherspannung kann an einem Manometer unmittelbar abgelesen werden. Die Feuchtigkeit des Formsandes wird durch Trocknen einer vorher gewogenen Probe im Trokkenschrank bei 105° C bis zur Gewichtskonstanz und Wägung nach der Trocknung aus der Differenz der beiden Gewichte bestimmt.

Man verwendet den Formsand nicht roh, wie er von der Grube kommt, sondern bereitet ihn auf, d. h. stellt eine geeignete Mischung her. Dabei unterscheidet man Modellsand und Füllsand. Modellsand ist der feinstaufbereitete Sand, nämlich eine Mischung von frischem Formsand, Kohle und gebrauchtem Sand, an den man die höchsten Anforderungen bezüglich Luftdurchlässigkeit, Plastizität, Feinkörnigkeit usw. stellt und der in einer Lage von 10—15 mm unmittelbar auf das Modell aufgesiebt wird, während der Füllsand dazu dient, den Formkasten voll zu machen. Die Aufbereitung des Sandes erfolgt etwa nach folgendem Schema[1]):

---

[1]) Vgl. Eisenhütte, a. a. O., S. 587.

Frischer Formsand
↓
Darre zum Trocknen
↓
Kollergang mit Siebvorrichtung zum Zertrümmern und Ausscheiden von Knollen
↓
Becherwerk
↓
Füllraum für frischen Sand

Kohle
↓
Kugelmühle zum Feinmahlen
↓
Vorratsraum für Kohlenstaub

Gebrauchter Sand
↓
Transport nach Aufbereitung
↓
Schüttelsieb (6 mm) zur Abschneidung von grobem Schutt, Knollen usw.
↓
Eisenseparator zur Entfernung von Formerstiften, Eisenspritzern usw.
↓
Becherwerk
↓
Füllsand für Altsand

(Gebrauchter Sand ↘) Nach grobem Absieben in der Formerei als Füllsand verwendet

↓

In Haufen oder im Sandkasten oder in Mischschnecke gemischt und mit Wasser angefeuchtet.
↓
Schleudermühle zur innigen Mischung und Durchlüftung
↓
Füllraum für Modellsand
↓
Nach Bedarf in Formerei.

Kernsand ist ein ganz magerer, fast aus reinem Quarz (~99%) bestehender Sand, der seine Eigenschaften erst durch die Kernbindemittel (s. 3. 32) erhält. Nur zum „Grünkernverfahren“ nimmt man gewöhnlich Formsand. Für große Graugußstücke kommt als Formmaterial Lehm in Frage, ein Verwitterungsprodukt von Mergel und Löß. Für den Gebrauch wird er mit Wasser zu einem konsistenten Brei angerührt, dem man Pferdemist, Flachsscheben, Häcksel usw.

beimischt, die nach dem Brennen der Lehmform die Masse gasdurchlässiger machen sollen.

In der Stahlgießerei verwendet man für den Trockenguß Masse. Sie besteht aus rohem Ton, dem man zur Magerung gebrannten Ton in Form von Schamotte oder gemahlenem Tiegelscherben, sowie Quarz- und Koksmehl zusetzt. Dadurch wird auch die nötige Gasdurchlässigkeit erreicht. Die Feuerfestigkeit wird durch Graphitzusatz gesteigert; er kann in reinem Zustande oder in Form von gemahlenen Graphittiegelscherben zugegeben werden.

Während bereits früher in Amerika synthetische Formsande gebraucht wurden, führen sie sich heute auf dem europäischen Kontinent immer mehr ein. Es handelt sich dabei im allgemeinen um reine Quarzsande, die mit künstlichen Bindemitteln, z. B. Bentonit (eine Sonderart hochquellfähigen Tones), und dergl. ihre Bindekraft erhalten.

Auch das Zementsand-Verfahren breitet sich aus. Man verwendet dafür Mischungen von Sand und Zement, die man so einstellen kann, daß die Form innerhalb mehrerer Stunden bis zu einem Tage völlig abbindet und abgießfertig wird.

3. 32 Hilfsstoffe

Hilfsstoffe sind vor allem die Kernbindemittel, die man dem fast aus reinem Quarz bestehenden, höchst mageren („scharfen") Kernsand zusetzt; um ihn plastisch und bindefähig zu machen. Dazu eignen sich vor allem Öle („Ölkern"). Das beste ist rohes Leinöl, da die hiermit hergestellten Kerne nach dem Guß beim Anstoßen leicht zerrieseln und bequem entfernt werden können. Gekochtes Leinöl ist weniger klebrig und erleichtert die Kernarbeit; jedoch zerfallen die Kerne nicht so leicht und sind deshalb nach dem Guß etwas schwerer zu entfernen. Fischöle, die an sich gute Binder sind, werden wegen der übelriechenden Gase, die sie nach dem Gusse entwickeln, von den Formern abgelehnt. Sulfitlauge, ein Abfallprodukt bei der Zellstoffgewinnung, ist auch als Kernbinder geeignet und gibt nach dem Trocknen genaue, maßhaltige Kerne, während Melasse (Rübenmelasse und Milchzuckermelasse) peinlichst genau einzuhaltende Trocknungsbedingungen der Kerne erfordert. Als weitere Kernbinder seien genannt: Harze (hauptsächlich Kolophonium), Kernmehle (Weizen-, Roggen- und Kartoffelmehl), Dextrin (aus geröstetem Stärkemehl gewonnen), Quellin (kaltwasserlöslich gemachte Stärke) usw.

3. 33 Feuerfeste Baustoffe

Feuerfeste Baustoffe werden in den Gießereien für Öfen und Pfannen benötigt. Man muß an sie verschiedene, sich teils widersprechende Anforderungen stellen. Man verlangt Feuerbeständigkeit, d. h. die Fähigkeit, auch bei Temperaturen von mindestens 1580° C (Segerkegel 26, feuerfeste Stoffe), gegebenenfalls von mindestens 1730° (Segerkegel 36, hochfeuerfeste Stoffe) nicht zu schmelzen. Bei Temperaturen über 1000° C müssen sie immer noch eine gewisse Festigkeit haben. Dabei kommt es weniger auf Druckfestigkeit, die bei den heute gebauten Öfen nur gering zu sein braucht ($\sim$ 100 kg/cm²) und der eigentlich jeder Stein gewachsen ist, als vielmehr auf Festigkeit gegen Abrieb an. Auch eine genügende Dichtigkeit muß man verlangen, da sie mit der Widerstandsfähigkeit gegen Abrieb im Zusammenhang steht. Volumenbeständigkeit, vor allem bei Temperaturwechsel, ist wichtig, da im anderen Falle der Stein durch unvermeidliche Temperaturschwankungen in den Öfen und Pfannen zermürbt wird. Sodann muß der Stein eine Widerstandsfähigkeit gegen chemische Einflüsse besitzen, da die Schmelze und vor allem aber die Schlacken chemisch aggressiv sind und die Steinmasse zerstören, wenn sie falsch zusammengesetzt ist. Endlich werden an die Wärmeleitfähigkeit unterschiedliche Ansprüche gestellt; sie muß gut sein, wenn es sich z. B. um Ausmauerungen von Hochofenwinderhitzern oder Siemens-Martinöfenkammern handelt, schlecht aber bei Außenmauerwerk von Öfen, das Wärme isolieren soll. Von den vielen feuerfesten Steinen und Massen seien die folgenden erwähnt:

Der wichtigste und auch billigste feuerfeste Stein ist der Schamottestein, hergestellt aus gebranntem Ton unter Zuschlag von feingemahlenem ungebranntem Ton als Bindemittel. Setzt man zu der Grundmasse Tiegelscherben und dergleichen zur Streckung zu, so erhält man Schamottesteine minderer, aber für manche Zwecke noch hinreichender Güte. Die Brenntemperatur sollte so hoch wie möglich sein. Schamotte ist ein „neutraler“ Stein, der weder von flüssigen Kalk-, noch von flüssigen Kieselsäureschlacken chemisch nennenswert angegriffen wird. Man verwendet sie zum Auskleiden von Kupolöfen, Pfannen, Glühöfen usw.

Der Quarz bildet den Grundstoff für den zweiten feuerfesten Stein der Gießereien, den Quarzkalkstein oder Silikastein. Er besteht aus reinem gemahlenem Quarz, der mit etwa 2% Kalk gebunden wird. Die beste Steinqualität wird aus amorphem Findlingsquarzit, eine geringere aus kristallinem Felsquarzit hergestellt. Durch Brennen bei sehr hohen Temperaturen gelingt es, den Stein, vor allem, wenn er aus Findlingsquarzit hergestellt ist, volumenbeständig zu machen, indem man den Quarz in Tridymit umwandelt, der ein um 14% größeres Volumen als Quarz hat.

Stellt man die Silikasteine aus Kohlensandstein her, nennt man sie Dinassteine.

Die Silikasteine sind „saure“ Steine, d. h. sie werden von kalkhaltigen Schlacken angegriffen, während Silikatschlacken nicht einwirken. Sie dienen zur Ausmauerung von Siemens-Martinöfen, wenn saures Futter verlangt wird, und von Kleinbirnen.

Sodann sei der Dolomitstein erwähnt, hergestellt aus gemahlenem und gebrannten Dolomit, einem Kalziummagnesiumkarbonat, gemischt mit etwa 20% wasserfreiem Ton. Es ist ein „basischer“ Stein, der von Kalkschlacken nicht, wohl aber von Silikatschlacken angegriffen wird. Er dient zur Auskleidung von Thomasbirnen und Siemens-Martinöfen, wenn sie ein basisches Futter benötigen. Man verwendet den Dolomit auch als Stampfmasse.

Endlich verwendet man zur Ausfütterung von Kupolöfen und Pfannen Klebsand, d. h. einen Sand mit verhältmäßig hohem Tongehalt (bis 15%), der teils in der Natur vorkommt (Eisenberger Klebsand), teils künstlich durch Vermischen von feinem Quarzsand mit gemahlenem Ton gewonnen wird. Er wird vor allem als Stampfmasse oder Ausschmiermasse (zum Flicken der Kupolöfen und Pfannen) benutzt.

4. Ofenanlagen der Eisengießereien

Nur in Ausnahmefällen wird das vom Hochofen kommende Roheisen unmittelbar zu Gußstücken (z. B. gußeiserne Röhren) vergossen. Man spricht dann von „Guß erster Schmelzung“. Ganz überwiegend geht man in der Eisengießerei von der Massel aus. Stahl muß immer in einem besonderen Schmelzapparat durch oxydierendes Schmelzen des Roheisens oder durch Einschmelzen von Stahlschrott hergestellt werden. Die Schmelzöfen sind deshalb in den Gießereien von besonderer Wichtigkeit. Jedoch kann auch keine Gießerei ohne Trockenöfen für Kerne und Formen auskommen. Daneben sind für Sondergießereien noch Temperöfen, Glühöfen, Emaillieröfen usw. erforderlich.

4. 1 Schmelzöfen

Die Natur des zu schmelzenden Metalls bestimmt die Art des Ofens. Hochschmelzende Metalle, wie z. B. Stahl, benötigen den Siemens-Martinofen, den Elektroofen oder die Birne. Ein kontinuierlicher Schmelzbetrieb mit Metallen mäßig hohen Schmelzpunktes, wie z. B. Gußeisen, wird am besten durch den Schachtofen, im besonderen durch den Kupolofen, bewältigt. Werden in den Gießereien besonders große Gußmengen auf einmal benötigt, dann greift man zum Gießereiflammofen. Rotierende Trommelöfen nützen die Wärme des Ofens besonders gut aus.

4. 11 Kupolöfen

Der Kupolofen, auch Kuppelofen oder Gießereischachtofen genannt, ist der meistgebrauchte Ofen der Grau-, Temper- und Hartgußgießerei. Seine Vorteile liegen vor allem in dem niedrigen Anschaffungspreis, der einfachen Konstruktion und Bedienung, dem billigen Betrieb und der großen Betriebssicherheit. Nachteilig ist, daß er nur zum Schmelzen von Gußeisen brauchbar ist und kein so genaues Einhalten der Analyse des zu erschmelzenden Metalls gestattet, wie z. B. der Herdofen oder der Elektroofen.

4. 111 Aufbau des Ofens

Der Ofen ist ein Schachtofen (Abb. 1) mit einer Höhe, die etwa das sechs- bis sechseinhalbfache des Durchmessers beträgt. Die lichten Durchmesser liegen etwa zwischen 500 und 1500 mm. Der Schacht besteht aus einem Blechmantel, unten etwa 8—10 mm, oben etwa 6 mm dick. Die Dicke des Mauerwerkes beträgt bei lichtem Durchmesser bis 600 mm etwa 175 bis 200 mm, bei 600—900 mm ⌀ etwa 250 mm, bei Durchmessern über 900 mm etwa 300 mm. Im unteren Teile des Ofens ist zur Einführung der Verbrennungsluft (des „Windes") ein Windmantel vorgesehen, der eine Blechdicke von 5—6 mm besitzt und einen Querschnitt hat, der größer als die Summe aller Düsenquerschnitte ist. Vom Windmantel führen die Düsen den Wind in das Innere des Ofens. Der Gesamtquerschnitt der Düsen soll $^1/_2$ bis $^1/_7$ des Ofenquerschnitts betragen. Man kann eine oder zwei Düsenreihen vorsehen.

Die Ausmauerung selbst besteht entweder aus feuerfesten Steinen, wobei vor allem gute Schamottesteine

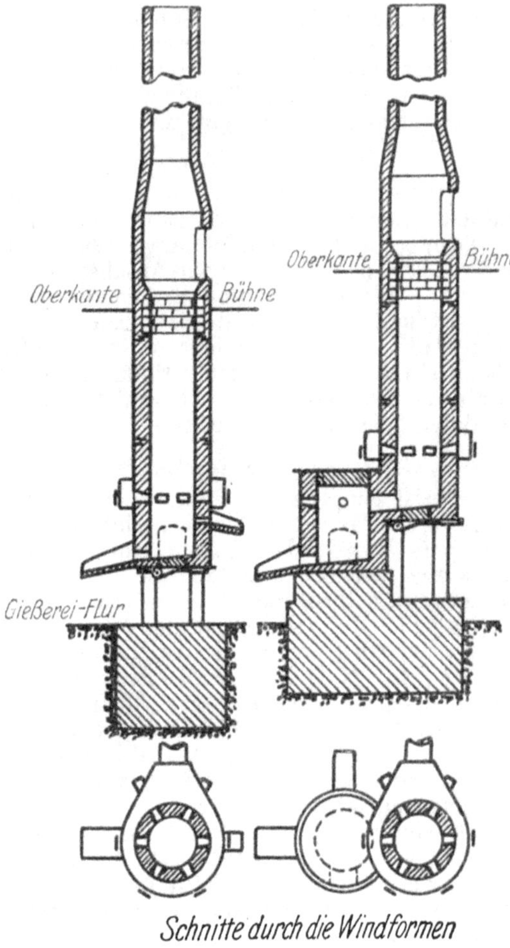

ohne Vorherd mit Vorherd

Abb. 1. Kupolofen.

oder auch Quarzschiefersteine (sehr teuer!) verwendet werden, oder aber man stampft den Ofen mit einer feuerfesten Masse, z. B. mit Klebsand aus. Der obere Teil des Kupolofens wird mit Eisensteinen ausgemauert, um eine Beschädigung des Schachtes durch das beim Beschicken („Chargieren", d. h. Einfüllen der Eisen- und Kokssätze) gegen die Ofenwand schlagende Eisen zu verhindern. Im unteren Teil des Ofens („Sumpf" genannt) befindet sich das Stichloch für das Eisen und etwas höher, dem Stichloch meist gegenüber angeordnet, das Schlackenloch zum Entfernen der Schlacke; beide sind mit einer Abstichrinne versehen.

Das flüssige Eisen sammelt sich entweder im unteren Teile des Ofens, dem Sumpf, oder es fließt in einen Vorherd, der in seiner Größe so bemessen ist, daß er die in zwanzig Minuten bis einer Stunde schmelzende Eisenmenge aufnehmen kann. Man kann im Vorherd das Eisen mit Soda entschwefeln (s. 3. 132). Kupolöfen ohne Vorherd liefern heißeres, aber etwas höher gekohltes Eisen als solche mit Vorherd. Der Vorherd andrerseits gestattet, größere Eisenmengen für den Abguß schwerer Gußstücke anzusammeln.

Zum Transport von Roheisen, Schrott, Gußbruch, Koks und Zuschlägen auf die Gichtbühne oder unmittelbar in den Ofen sind Transporteinrichtungen vorgesehen, meist als Schräg- oder Vertikalaufzüge; manchmal, aber seltener findet man eine zentrale Begichtung, wobei ein Kübel an einer Katze mit Ausleger auf horizontaler Fahrbahn in dem Ofen fährt. Der Kübel wird durch Öffnen des Bodenverschlusses entleert.

4. 112 Gebläse

Der Ofen wird durch Gebläse mit Verbrennungsluft versorgt. Dabei ist im Ofen ein Widerstand zu überwinden, der um so größer ist, je größer die je Minute in den Ofen eingeblasene Windmenge, je kleinstückiger der Koks, je enger und je höher der Ofen-

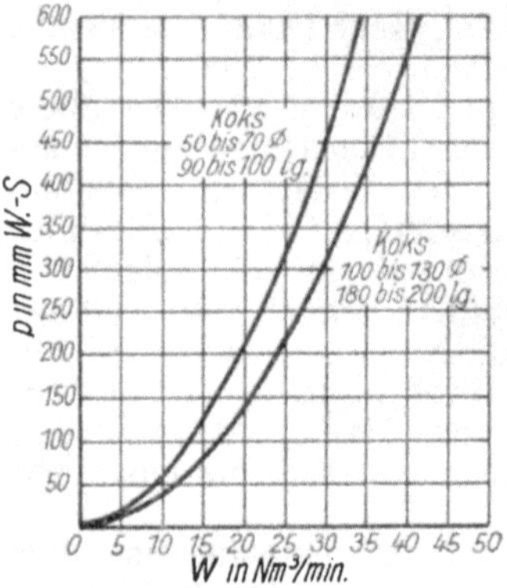

Abb. 2. Einfluß der Stückgröße des Kokses auf die Winddruck-Windmengen-Charakteristik eines Kupolofens mit 600 mm l. W.

schacht ist. Abb. 2 zeigt für einen Ofen gegebener Abmessung den Zusammenhang zwischen Windmenge, Koksgröße und Winddruck in mm Wassersäule.

Zylindergebläse mit hin- und hergehenden Kolben sind bei Kupolöfen nicht üblich. Man nimmt entweder Ventilatoren- (Turbo-) Gebläse oder Kapsel- (Kreiskolben-) Gebläse (Abb. 3 u. 4).

Druck, Umlaufzahl und Windmenge hängen wie folgt zusammen (Abb. 5): Der Druck am Austritt des Ventilatorgebläses nimmt bei konstanter Umdrehungszahl mit zunehmender Liefermenge erst etwas zu, dann wieder ab. Beim Kapselgebläse hingegen steigt bei unveränderter Umdrehungszahl der Druck am Gebläseaustritt bei etwas abnehmender Liefermenge steil an. Diese ver-

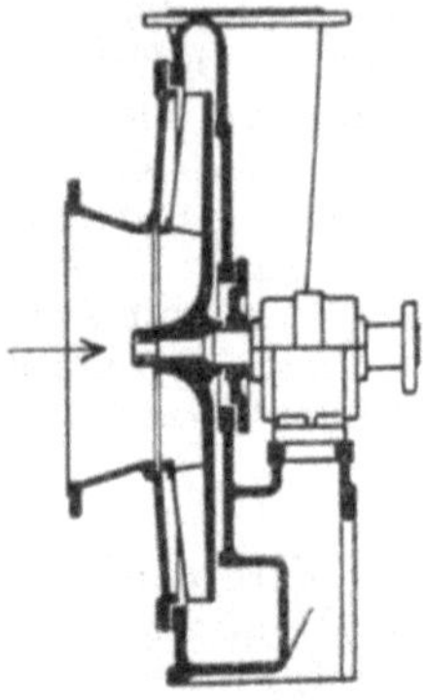

Abb. 3. Turbogebläse nach Rateau.

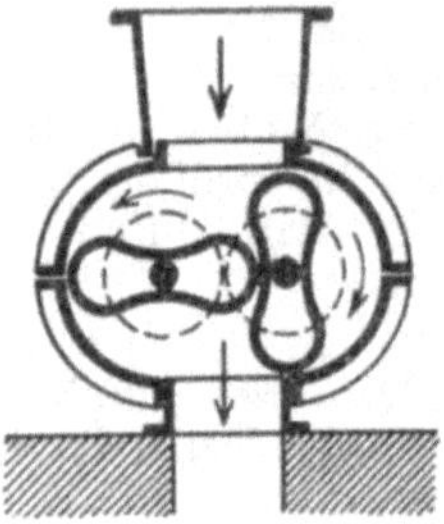

Abb. 4. Kreiskolbengebläse.

schiedene Charakteristik der beiden Gebläsearten ergibt bei Änderung der Koksstückgröße verschiedene Verringerungen der gelieferten Luftmenge. Wenn z. B. ein Ventila-

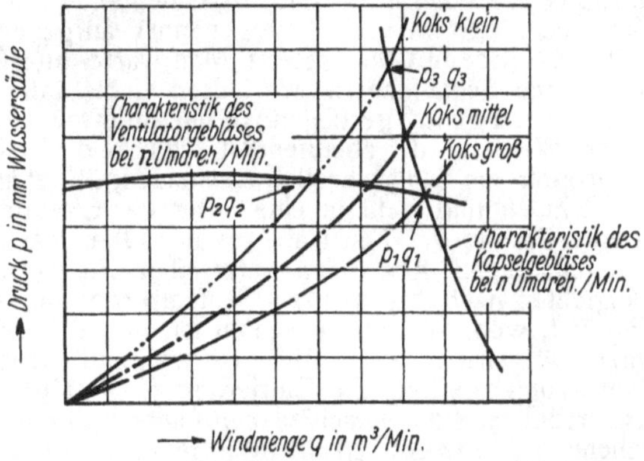

Abb. 5. Charakteristiken der Gebläse (schematisch).

tor- oder ein Kapselgebläse bei großstückigem Koks die Luftmenge q_1 mit dem Druck p_1 liefern und hierauf der Kupolofen mit kleinstückigem Koks beschickt wird, wird das Kapselgebläse bei beträchtlichem Druckanstieg auf p_3 nur eine gegenüber q_1 wenig kleinere Luftmenge q_3 liefern, das Ventilatorgebläse hingegen wird bei geringer Druckzunahme auf p_2 eine beträchtlich geringere Luftmenge q_2 fördern, d. h. gerade dann, wenn man im Ofen eine Verstopfung hat, bei der man ein Abfallen der Windzufuhr nicht gern sieht, tritt eine solche beim Ventilatorgebläse im höheren Maße als beim Kapselgebläse ein. Moderne Ventilatorengebläse sind heute aber so gebaut, daß die Unterschiede zwischen ihrer Charakteristik und der der Kapselgebläse nicht mehr sehr groß sind; grundsätzlich sind sie aber immer vorhanden.

4. 113 Der Betrieb des Kupolofens

Der Ofen wird zunächst bis etwa 650 mm über obere Düsenkante mit Koks („Füllkoks“) gefüllt, der angezündet und ohne Gebläse mit natürlichem Luftzug angebrannt wird. Ist der Füllkoks ganz in Glut, wird nachgesetzt, bis die alte Höhe erreicht ist. Dann werden abwechselnd Eisen- und Koksgichten („Satzkoks" oder „Schmelzkoks" genannt) aufgegeben und das Gebläse in Gang gesetzt. Man wartet nun, bis man an den Schaulöchern der Düsen sieht, daß die Schlacke hoch genug gestiegen ist, um abgestochen zu werden. Wenn mit der ablaufenden Schlacke die ersten Eisentropfen am Schlackenstich erscheinen, öffnet man das Stichloch und zieht in eine unter die Eisenrinne gestellte Pfanne das Eisen ab, bis der Ofen leer ist. In regelmäßigen Abständen setzt man Eisen- und Koksgichten nach, bis man das Schmelzprogramm erledigt hat, wobei darauf zu achten ist, daß der Ofen immer voll gehalten wird. Muß man während der täglichen Schmelzperiode die Gattierung (s. 4. 116) ändern, trennt man die verschiedenen Gichten durch zusätzliche „Trennkoksgichten". Je nach Schmelzprogramm dauert eine Tagesschmelzperiode 3 bis 12 Stunden. Mehrtägige Schmelzperioden sind bei Gießereischachtöfen im allgemeinen nicht möglich, da das Futter dadurch zu stark mitgenommen wird. Am Ende des Schmelzens wird der Restkoks durch eine Bodenklappe, die man öffnet, abgezogen und mit Wasser gelöscht. Er kann wieder verwendet werden. Durch natürlichen Zug kühlt der Ofen in den anschließenden Stunden soweit aus, daß er „befahrbar" wird. Der Schmelzer flickt dann das durch den Schmelzbetrieb beschädigte Futter mit Schamottemasse oder Klebsand aus und macht den Ofen für die nächste Schmelzung fertig. Eine Gießerei benötigt also immer mindestens zwei Kupolöfen, wovon einer schmilzt, während der andere geflickt wird. Man kann Kupolöfen auch mit heißem Wind betreiben (Heißwindkupolofen). In Amerika sind sie schon seit längerem in Gebrauch, in Europa führen sie sich neuerdings, und zwar meist mit höherer Windtemperatur als in Amerika, ein.

4. 114 Die Theorie des Kupolofenbetriebes

Es sei

S = Schmelzleistung in t/h,
W = Windmenge in Nm^3/Min.,
L = Luftmenge je kg Kokskohlenstoff in Nm^3,
K = kg/Koks je 100 kg Eisen,
k = % C im Koks,
CO_2 = Vol.% Kohlensäure im Abgas,
CO = Vol.% Kohlenoxyd im Abgas,

$$\eta_v = \frac{CO_2}{CO_2 + CO} \cdot 100,$$

dann ist:

$$W = L \cdot \frac{K \cdot k}{100} \cdot \frac{10 \cdot S}{60} \quad Nm^3/\text{Min.}, \qquad (1)$$

$$L = \frac{4{,}45\,(100 + \eta_v)}{100} \quad Nm^3/\text{kg C}^{1)}, \qquad (2)$$

$$S = \frac{60}{10} \cdot \frac{W}{\frac{K \cdot k}{100} \cdot 4{,}45 \cdot \frac{100 + \eta_v}{100}} =$$

$$= \frac{60000\,W}{K \cdot k \cdot 4{,}45\,(100 + \eta_v)} \text{ t/h} \qquad (3)$$

Versuche haben ergeben, daß η_v unabhängig von W, aber abhängig von $\frac{K \cdot k}{100}$ ist, und zwar gemäß Abb. 6. Die Kurve kann annähernd durch die Gleichung wiedergegeben werden:

$$\eta_v = \frac{386{,}5}{\frac{K \cdot k}{100}} + 15. \qquad (4)$$

Zusammenfassend wird der Zusammenhang zwischen Schmelzleistung je Stunde (S), Windmenge

---

1) 1 kg C verbraucht zur Verbrennung zu CO 4,45 Nm^3 Luft, zur Verbrennung zu CO_2 8,9 Nm^3 Luft.

je Minute (W) und Kokskohlenstoff je 100 kg Eisen $\left(\frac{K \cdot k}{100}\right)$ durch Abb. 7 wiedergegeben[1]).

Von Interesse ist weiterhin der Zusammenhang zwischen Eisentemperatur, Schmelzleistung, Windmenge und Kokssatz (Abb. 8). Man erkennt, daß bei kon-

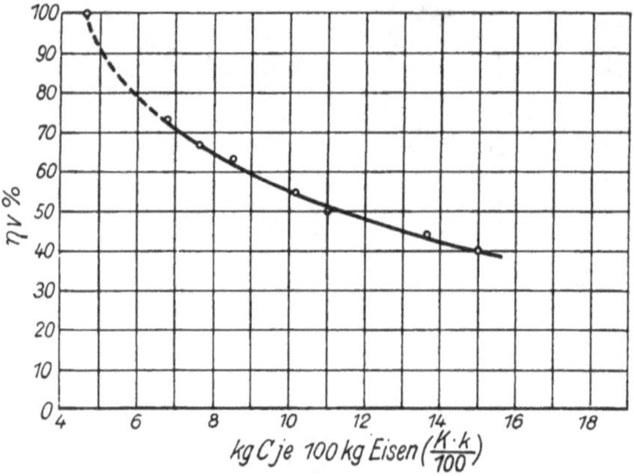

Abb. 6. Beziehung zwischen Kohlenstoffmenge je 100 kg Eisen und Verbrennungsverhältnis.

stantem Kokssatz und zunehmender Schmelzleistung, d. h. zunehmender Windmenge, die Eisentemperatur steigt. Die Erscheinung ist durch die mit zunehmender Schmelzleistung abnehmenden Strahlungsverluste des Ofens zu erklären. Bei gleicher Windmenge und zunehmendem Kokssatz nimmt die Schmelzleistung ab und die Temperatur zu. Daß die Schmelzleistung

[1]) Zur genaueren Berechnung muß von dem Kohlensäuregehalt des Gichtgases die durch Zerlegung des Kalksteins freiwerdende und ins Gichtgas eintretende Kohlensäure abgezogen werden, vgl. H. Jungbluth und P. A. Heller, Techn. Mitt. Krupp 1 (1933) S. 105/11 nebst Berichtigung in H. Jungbluth und H. Korschan, Techn. Mitt. Krupp, Forschungsberichte 1 (1938) S. 79/100. Bei normalem Kokssatz von etwa 12% und normalem Kalksteinsatz von etwa 30% (auf den Kokssatz bez.) beträgt der Abzug etwa 0,7 bis 0,9% CO_2. In Anbetracht der allgemeinen Ungenauigkeit der Messungen kann man ihn meist vernachlässigen.

abnehmen muß, sieht man, wenn man den Wert für η_v aus Gleichung (4) in Gleichung (3) einsetzt. Es ist dann

$$S = \frac{117{,}3 \cdot W}{K \cdot k + 336} \qquad (5)$$

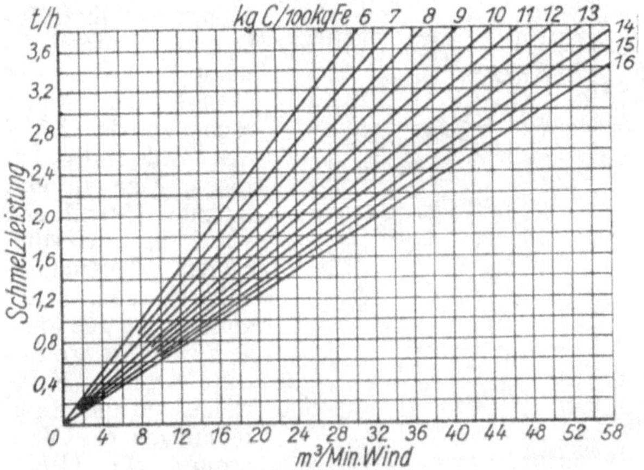

Abb. 7. Beziehungen zwischen Windmenge kg C/100 kg Fe und Schmelzleistung.

Die Temperatur nimmt zu, weil in der Zeiteinheit weniger Eisen durch den Ofen läuft und somit die glühende Koksschicht weniger abkühlt.

Der Winddruck (p in mm Wassersäule) im Ofen hängt mit der Windmenge (W in Nm^3/Min), der Höhe der Beschickungssäule ab Düsenoberkante (h in m) und dem Ofendurchmesser (d_0 in m) wie folgt zusammen:

$$p = k \cdot W^a \cdot h^b \cdot d_0^c \text{ in mm } H_2O, \qquad (6)$$

worin

$a \approx 1{,}5$—2,
$b \approx 0{,}6$—1,
$e \approx 3{,}0$—$3{,}5$,
$k \approx 0{,}2$ ist.

Bei konstantem p und konstantem h verhalten sich Windmenge und demnach Schmelzleistung zueinander wie die Ofenquerschnitte oder die Quadrate der Ofendurchmesser. Abb. 2 zeigt die Ofendrucke für verschiedene Koksgrößen.

Die beim Schmelzen entstehende Schlacke ist in ihrer Menge und ihrer Zusammensetzung abhängig von der Menge der Koksasche, von der Größe des Abbrandes an Eisen, Mangan und Silizium (herrührend von der oxydierenden Ofenatmosphäre), vom Sandanhang an den Masseln, der Menge des zugesetzten Kalksteins und des abgeschmolzenen Ofenfutters. Die Größe des Abbrandes und die Menge der Koksasche hängt wiederum von der Menge des Schmelzkokses je 100 kg Eisen, also vom Kokssatz ab. Abb. 9 zeigt die Verhältnisse für den Fall, daß auf 100 kg Eisen 3 kg Kalkstein gesetzt werden, wobei zu beachten ist, daß wachsendes η_v abnehmendes $\frac{K \cdot k}{100}$ (Abb. 6) bedeutet. Abb. 10 zeigt endlich die Lage der Schlackenzusammensetzung im Diagramm SiO_2 — CaO — FeO + MnO, und zwar für den Fall ohne Berücksichtigung des abgeschmolzenen Ofenfutters und mit Berücksichtigung desselben. Die Schlackenzusammen-

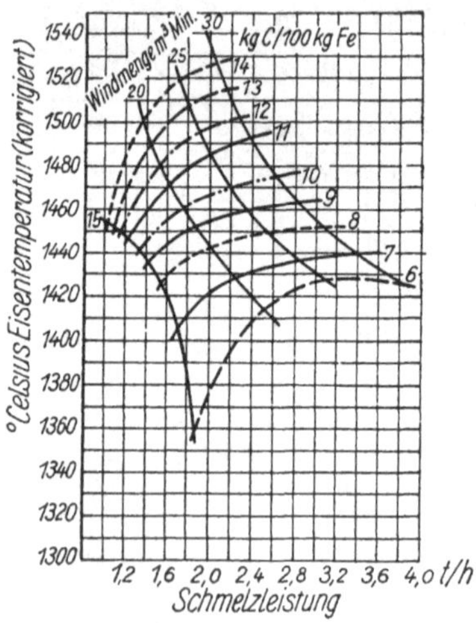

Abb. 8. Beziehung zwischen Schmelzleistung kg c/100 kg Fe Windmenge u. Eisentemp.

setzung eines Kokshochofens (ohne Berücksichtigung der Tonerde) ist gleichfalls eingetragen und liegt in nächster Nähe der Oxydschlacken des Kupolofens.

4. 115 Überwachung des Schmelzbetriebes

Die Kontrolle des Schmelzbetriebes erstreckt sich auf folgende Punkte:

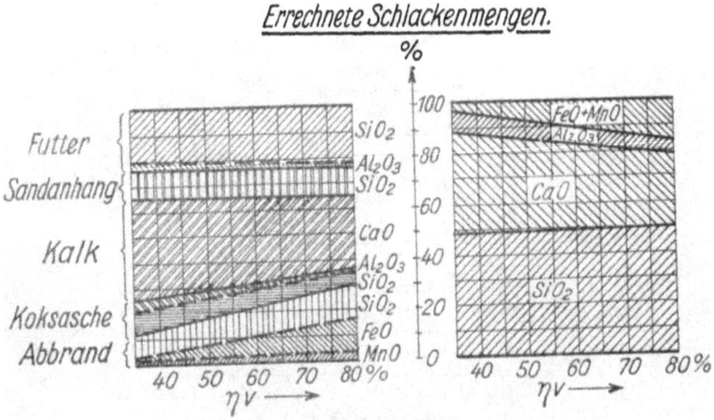

Abb. 9. Schlackenaufbau.

Man prüft vom Koks den Kohlenstoff-, Schwefel- und Aschegehalt, die Feuchtigkeit und gegebenenfalls, aber selten, seine Stückigkeit, Abriebfestigkeit und Reaktionsfähigkeit (nach 3. 21). Roheisen, Gußbruch und Schrott kauft man nach Analysen oder analysiert sie selbst auf Kohlenstoff, Silizium, Mangan, Phosphor und Schwefel, bei legiertem Material auch noch auf Legierungsbestandteile, wie Nickel, Chrom, Vanadin, Titan usw. Nur selten wird ein metallographischer Schliff angefertigt. Auch die Größe des Sandanhangs wird beim Roheisen und Gußbruch (Trichter usw.) nur ausnahmsweise bestimmt.

Kalkstein (s. 3. 14) wird auf Gehalt an Kalziumkarbonat ($CaCO_3$) hin untersucht. Er soll zwischen 95 und 98% liegen.

Der Winddruck wird in der Regel am Windmantel mit flüssigkeitsgefülltem U-Rohr oder mit Manometer gemessen. Er gibt kein Bild über die eingeblasene Windmenge, wohl aber eins über eventuelle Verstopfungen des Ofens.

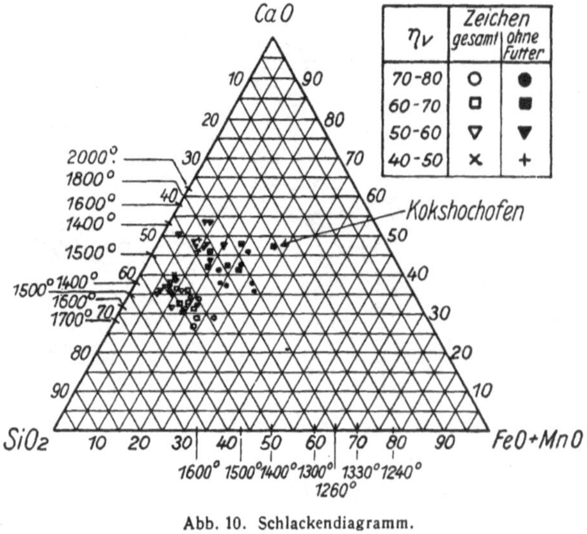

Abb. 10. Schlackendiagramm.

Die Windmenge kann durch Pitot-Rohr, durch Düse oder durch Staurand ermittelt werden[1]).

Vom Eisen bestimmt man Kohlenstoff, Silizium, Mangan, Phosphor, Schwefel und eventuelle Legierungselemente. Dazu kommen je auf Anforderung Untersuchung des Bruchgefüges, der Festigkeit usw.

Schlacke wird nur selten auf Menge und Zusammensetzung hin untersucht, wiewohl sie eigentlich ein

[1]) Vgl. W. Nusselt, „Technische Thermodynamik". I. S. 121ff. Sammlung Göschen, Bd. 1084. A. Achenbach, „Messungen an Gießereischachtöfen". Gießerei 16 (1929), S. 309/18.

ausgezeichnetes Bild über die Schmelzbedingungen des Ofens liefert [1]). Schlackenanalysen sind sehr teuer.

Das Gichtgas analysiert man mit dem Orsat-Apparat auf Kohlensäure und Kohlenoxyd. Ausgezeichnet sind automatisch arbeitende und registrierende Apparate wie die Industrie sie heute liefert. Die Eisen- und Schlackentemperatur wird, wenn überhaupt, fast ausschließlich mit Strahlungspyrometern (nur optische oder Gesamtstrahlung) festgestellt.

4. 116 Gattierungsmethoden

Unter Gattierung versteht man die Berechnung der Zusammensetzung des Ofeneinsatzes, um ein Gußerzeugnis bestimmter Zusammensetzung zu erhalten. Die hier am Beispiele des Kupolofens gezeigte Gattierungsmethode gilt sinngemäß für alle Arten von Gießereien.

Zunächst ist der Abbrand im Ofen zu berücksichtigen, im vorliegenden Falle besonders der Abbrand von Silizium und Mangan. Er muß durch Erfahrung ermittelt werden. Als Richtwerte können nach B. Osann [2]) die in Tafel 1 angegebenen Werte dienen.

Tafel 1

Abbrand im Kupolofen in %:

Mn-Gehalt d. Einsatzes	Si-Abbrand bei Si-Gehalt d. Einsatzes				Mn-Abbrand bei Si-Gehalt d. Einsatzes	
	3%	2%	1,5%	1%	3%	1%
0,4	19	17	16	14	7	10
0,8	14	12	11	9	11	14
1,4	10	9	8	6	14	17

Man kann zur Gattierungsberechnung 2 Verfahren benutzen, ein rechnerisches und ein zeichnerisches.

---

1) Vgl. H. Jungbluth, „Die neue Gießerei". Technisch-Wissenschaftliche Beihefte, 1. Jahrgang, Heft 1, Sept. 1949, S. 11/16.

2) B. Osann, „Lehrbuch der Eisen- und Stahlgießerei". S. 137.

a) Rechnerisches Verfahren

Erst ist die Sollanalyse des Abgusses festzulegen, dazu der Abbrand an Silizium und Mangan zuzuschlagen. Das ergibt die Sollanalyse der Gattierung, die der Gattierungsberechnung zugrunde zu legen ist.

Beispiel:

Verlangte Analyse des Abgusses:

C %	Si %	Mn %	P %	S %
3,2	1,5	0,6	0,3	0,1

Abbrand an Silizium: 10%,
Abbrand an Mangan: 15%,

Soll-Analyse der Gattierung:

C %	Si %	Mn %	P %	S %
3,2	1,67	0,71	0,3	0,1

Zur Festlegung von n-Elementen benötigt man n + 1 Gattierungskomponenten.

Beispiel für die Festlegung von 2 Elementen, z. B. von Silizium und Mangan. Es sollen zur Verfügung stehen:

	C %	Si %	Mn %	P %	S %
A. Roheisen mit	3,8	3,2	1,0	0,09	0,04
B. Gußbruch mit	3,2	1,0	0,8	0,30	0,08
C. Stahlschrott mit	0,2	0,3	0,2	0,03	0,03

Die Analyse des Abgusses, der Abbrand an Silizium und Mangan und damit die Analyse der Gattierung sei wie obenstehend.

Es sei weiter:

x = Anteil des Roheisens,
y = Anteil des Gußbruchs,
$1 - x - y$ = Anteil des Stahlschrotts.

Dann muß sein:

$$x \cdot 3{,}2 + y \cdot 1{,}9 + (1 - x - y) \cdot 0{,}3 = 1{,}67$$
$$x \cdot 1{,}0 + y \cdot 0{,}8 + (1 - x - y) \cdot 0{,}2 = 0{,}71$$
$$x = 0{,}395,\ y = 0{,}325,\ 1 - x - y = 0{,}280$$ [1].

Es sind also zu setzen:

39,5% von Roheisen A,
32,5% von Gußbruch B,
28,0% von Stahlschrott C.

Es kommt also in die Gattierung:

	C	Si	Mn	P	S
	kg je 100 kg Eisen				
von Roheisen A	1,500	1,260	0,395	0,035	0,016
von Gußbruch B	1,040	0,325	0,260	0,097	0,016
von Stahlschrott C	0,056	0,084	0,056	0,008	0,008
	2,596	1,669	0,711	0,140	0,040

Man sieht, daß bei drei Gattierungskomponenten nur zwei Elemente willkürlich einstellbar sein können. Will man mehr als zwei willkürlich einstellen, muß man mehr Gattierungskomponenten nehmen. Der Kohlenstoffgehalt wird in vorliegendem Falle erfahrungsgemäß auf etwa 3% C durch die Aufkohlung im Ofen steigen.

b) Graphisches Verfahren

Liegen drei Gattierungskomponenten vor, mit denen man also zwei Elemente einstellen kann, dann macht man von dem Satze Gebrauch, daß, wenn sich die drei Ecktransversalen eines beliebigen Dreiecks in einem Punkte schneiden, die Summen der Produkte aus den den Seiten zugewandten Abschnitten und der ganzen Transversale bei jeder beliebigen Lage des Schnittpunktes einen konstanten Wert haben. Die den Seiten zugewandten Abschnitte, in Prozent zur ganzen Transversalen ausgedrückt, ergeben die Prozentsätze des Komponentenanteils.

[1]) Die Ausrechnung erfolgt am einfachsten mit Determinanten; siehe hierzu Paul B. Fischer, „Determinanten“, Sammlung Göschen, Bd. 402.

In Abb. 11 sind in einem karthesischen Koordinatensystem mit den Siliziumgehalten auf der Ordinate und den Mangangehalten auf der Abszisse die Punkte für

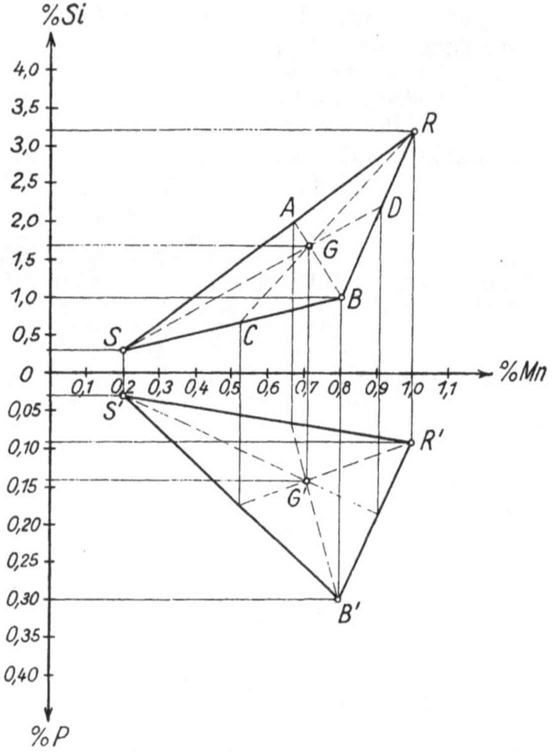

Abb. 11. Graphisches Gattierungsverfahren.

Roheisen (R), Gußbruch (B) und Schrott (S) nach ihrem Silizium- und Mangangehalt eingetragen. Die verlangte Gattierung liegt bei G. Nun ist

$$\frac{CG}{CR} \cdot 100 + \frac{AG}{AB} \cdot 100 + \frac{DG}{DS} \cdot 100 = 100.$$

Es entspricht:

$$\frac{CG}{CR} \cdot 100 = \text{Prozent Roheisen},$$

$$\frac{AG}{AB} \cdot 100 = \text{Prozent Gußbruch},$$

$$\frac{DG}{DS} \cdot 100 = \text{Prozent Stahlschrott}.$$

Eine Nachmessung ergibt, daß innerhalb der durch die Zeichnung erreichbaren Genauigkeit die gleichen Anteile ermittelt werden wie durch die Rechnung unter a).

Mit der graphischen Methode sieht man sofort, ob die verlangte Gattierungsaufgabe überhaupt zu lösen ist.

1. Es müssen die drei Punkte der drei Gattierungskomponenten ein Dreieck bilden;
2. der Punkt G muß innerhalb des Dreiecks liegen.

Fallen die drei Punkte S, B und R auf einer Linie zusammen, z. B. B auf SR, dann ist die mittlere Gattierungskomponente, in diesem Falle B, überflüssig. Es ist nur noch ein Legierungselement, z. B. Si in den Grenzen Si_S bis Si_R oder Mn in den Grenzen Mn_R bis Mn_S einstellbar. Die Abschnitte auf der Geraden, in Prozent der ganzen Strecke ausgedrückt, geben die Gattierungsprozente an, wobei der den Buchstaben abgewandte Abschnitt zum Buchstaben gehört.

Zeichnet man zu dem Aufriß des Dreiecks B R S noch dessen Grundriß B'R'S', indem man als 3. Ordinate dieser Punkte den Gehalt eines dritten Eisenbegleiters, z. B. den Phosphorgehalt der dritten Gattierungskomponenten, aufträgt, so gibt die Ordinate des Punktes G′ im Grundriß den sich einstellenden Gehalt des dritten Eisenbegleiters, in diesem Falle des Phosphorgehaltes. Hierbei kann G′ z. B. durch Einzeichnen einer Ecktransversalen im Grundriß gefunden werden.

Bei vier Gattierungskomponenten wäre räumliche Darstellung mit Tetraedern erforderlich. Sie ist sehr umständlich und bietet deshalb keine Vorteile mehr. Man kann den Fall auf drei Gattierungskomponenten zurückführen, wenn man aus zweien eine Mischung macht, die man als dritten Punkt des Dreiecks wählt.

4. 12 Gießereiflammöfen

4. 121 Allgemeines

Flammöfen sind solche Öfen, bei denen der Brennstoff nicht zusammen mit dem Einsatz in einen Schacht aufgegeben wird. Vielmehr befindet sich das Schmelzgut in einem Herd, über den die Flammen des in einem besonderen Raum verbrennenden Brennstoffs streichen. Grundsätzlich ist auch der Siemens-Martin-Ofen ein Flammofen; jedoch zählt man ihn nicht unter die „Gießereiflammöfen“. Vielmehr beschränkt man im allgemeinen diese Bezeichnung auf solche Öfen, die auf einer Rostfeuerung Kohle verbrennen. Nur wenige Öfen sind für Öl- oder Kohlenstaubfeuerung eingerichtet, die man dann meist nach dem Namen der herstellenden Firma benennt.

Der Gießereiflammofen ist auch für Gießereien nur von beschränkter Bedeutung und wird vor allem dann verwendet, wenn schwerer Einsatz, wie Walzen- und Kokillenbruch, zu verarbeiten ist, der nicht zu stark zerkleinert zu werden braucht. In Deutschland findet man ihn deshalb vornehmlich in Walzengießereien, in Amerika auch in Tempergießereien.

Er hat folgende Vorteile:

1. es kann statt Koks natürlicher Brennstoff verarbeitet werden,

2. schwerer Gußbruch kann fast unzerkleinert eingesetzt werden,

3. es findet keine oder nur eine geringe Schwefelaufnahme statt,

4. das flüssige Eisen ist gasärmer und gibt dadurch dichtere Abgüsse,

5. jede gewünschte chemische Zusammensetzung, namentlich ein geringer Kohlenstoffgehalt, kann eingestellt werden,

6. man verfügt mit einer Schmelzung auf einmal über eine größere Eisenmenge.

Die Nachteile des Ofens sind folgende:

1. Der thermische Wirkungsgrad des Ofens ist viel schlechter als der des Kupolofens (etwa 10% gegenüber 40—60% des Kupolofens); er kann durch nachgeschaltete Abhitzekessel verbessert werden,

2. er schmilzt langsamer als der Kupolofen,

3. der Betrieb ist nicht ununterbrochen, sondern intermittierend,

4. zur Bedienung sind geschulte Fachkräfte erforderlich,

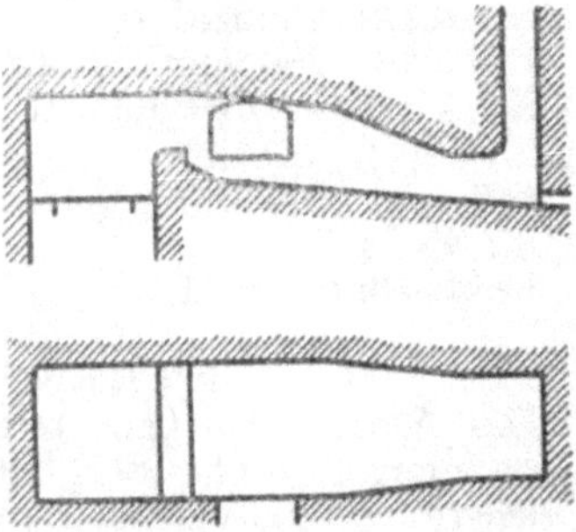

Abb. 12. Gießereiflammofen (schematisch).

5. die Unterhaltung ist teuer.

Von den verschiedenen Bauarten des Gießereiflammofens ist in Abb. 12 der Siegerländer oder deutsche Flammofen in seinem grundsätzlichen Aufbau wiedergegeben. Er besteht aus dem Feuerungsraum mit Rost und Feuerbrücke, dem Herd zum Einsatz des Schmelzgutes und der Esse zum Abzug der Verbrennungsgase. Die Größe des Einsatzes schwankt zwischen 5 und 50 t, wobei man bei großen Öfen mit 0,20 m² und bei kleinen mit 0,95 m² Herdfläche je t Einsatz rechnet. Die Herdfläche verhält sich zur Rostfläche wie 2,2—4,7 zu 1. Die Länge des Herdes beträgt 3,5—6 m, das Gewölbe liegt 0,4—0,7 m oberhalb der Oberkante der Feuerbrücke. Das Mauerwerk des Ofens ist 300 bis 450 mm dick, der aus saurem Material aufgestampfte Herd 150—200 mm. Häufig ist das Gewölbe aus einzelnen abhebbaren Bögen gebildet, die ein Chargieren schwerer Stücke von oben gestatten.

Der Brennstoffverbrauch liegt zwischen 60% (kleine Öfen) und 25% (große Öfen) des Einsatzgewichtes. Der Abbrand ist abhängig von der chemischen Zusammensetzung des Einsatzes, wobei ein hoher Mangangehalt das Silizium vor der Oxydation schützt und umgekehrt, beide verringern den Kohlenstoffabbrand. Mittlere Abbrandziffern:

Eisen: 5—7% vom Einsatz,

Silizium: 20—75% (eigene Erfahrungen am Walzenguß: 50%),

Mangan: 20—80% (eigene Erfahrungen am Walzenguß: 45%),

Kohlenstoff: 8—20%.

4. 122 Betrieb

Das Arbeiten im Gießereiflammofen erfordert größere metallurgische Sorgfalt, ermöglicht aber auch reichere metallurgische Einwirkungsmöglichkeit als das Schmelzen im Kupolofen. Die Oxydation des Metalls findet vornehmlich beim Einschmelzen statt. Man muß vermeiden, von vornherein zu starke Hitze zu geben, da das Eisen sonst zu schnell einzuschmelzen beginnt, auf den zunächst noch verhältnismäßig kalten Herd läuft, dort eine Platte bildet, die wieder erstarrt und schwer aufzuschmelzen ist. Deshalb muß man langsam anheizen, bis der Einsatz durch und durch gut warm ist, und dann erst volle Hitze geben, damit alles schnell einschmilzt. Will man entkohlen („Frischen"), setzt man silizium- und manganarmes Eisen, da der Kohlenstoff erst nach Silizium und Mangan abbrennt. Man kann den Kohlenstoffabbrand durch Zugabe von Erz („Erzen") unterstützen. Wird die Schmelze zu kalt, setzt man Silizium nach, das durch seinen Abbrand genug Wärme entwickelt, um das Bad wieder aufzuheizen. Man kann die Maßnahme durch Schlackenwechsel unter Erzzusatz unterstützen, um die Schlacke aufnahmefähig für Kieselsäure zu machen.

Nach dem Frischen muß man das fehlende Silizium und Mangan durch Zusatz in die Pfanne ergänzen; man kann es nicht gut im Ofen zusetzen, da Ferrosilizium zu leicht wieder oxydiert und Ferromangan Eisen aus der Schlacke reduziert und selbst in die Schlacke geht. Diese Pfannenzusätze haben allerdings den Nachteil, daß keine Analysenkontrolle mehr möglich ist, die, solange die Schmelze im Ofen ist, durchgeführt werden kann.

Will man nicht entkohlen, setzt man silizium- und manganreichen Einsatz, da Silizium und Mangan den Kohlenstoff vor der Oxydation schützen.

Rund 95% der eingebrachten Wärme entstammt den Kohlen, etwa 10% der ausgebrachten Wärme geht in Eisen und Schlacke.

4. 13 Trommelöfen

Bei Trommelöfen handelt es sich um zylindrische Schmelzapparate, die um die horizontalliegende Zylinderachse rotieren. Man will damit erreichen, daß das Futter dadurch stärker zur Aufheizung der Schmelze herangezogen wird, da es durch die Rotation nach und nach mit der Schmelze in Berührung kommt. Das Futter selbst wird dadurch gekühlt und geschont.

Am bekanntesten sind folgende Typen:

1. Der Fulmina-Ofen ist ölgefeuert, an der einen Stirnseite befinden sich die Düsen zur Einführung von Öl und Wind, an der anderen der Abzug für die heißen Gase, die ihre überschüssige Hitze gegebenenfalls an einen Rekuperator zur Erhitzung der Verbrennungsluft abgeben. Seine Länge ist etwa 2000—4000 mm, sein Durchmesser 1000—1800 mm, das Fassungsvermögen 500—5000 kg, die Schmelzzeit 75—180 Minuten, der Ölverbrauch 14—18%.

2. Der Brackelsberg-Ofen ist kohlenstaubgefeuert, ohne Verbrennungskammer, der Winddruck beträgt etwa 200—400 mm Wassersäule. Als Brennstoff

dient Kohlenstaub, an den keine besonders hohen Güteanforderungen gestellt werden müssen. Der Brennstoffverbrauch beträgt 13—20%. Ein Rekuperator zur Luftvorwärmung kann vorgesehen werden.

3. Der Sesci-Ofen ist gleichfalls kohlenstaubgefeuert mit Rekuperator, der den Wind auf 200—350° C vorwärmt. Die Zündung erfolgt an einem Rost mit Karborundumstäben. Der Ofen kann auch mit Schweröl betrieben werden.

4. 14 Siemens-Martinöfen[1])

4. 141 Wärmetechnische Überlegungen und Ofenaufbau

Der Siemens-Martin-Ofen dient in der Gießerei zur Herstellung flüssigen Stahls für Stahlformguß. Der Stahl muß hinreichende Temperatur und gute metallurgische Qualität besitzen. Deshalb stehen wärmetechnische und metallurgische Gesichtspunkte im Vordergrunde des Interesses.

Im Martinofen muß eine bestimmte Temperaturhöhe des Stahls erreicht werden. Zur Wärmeübertragung ist ein Wärmegefälle zwischen heißen Gasen und Schmelze erforderlich. Die heißen Gase lassen sich im Schmelzraum nur so weit ausnutzen, als ihre Temperatur 1800° übersteigt, da der Schmelzpunkt des flüssigen Stahles bei etwa 1500° liegt, eine Überhitzung über diese Temperatur erforderlich ist und man zur Übertragung der Temperatur ein Wärmegefälle benötigt. Diese Temperatur ist durch Verbrennung von kalten Brennstoffen meist nicht erreichbar, eine Vorwärmung von Brennstoff und Luft ist erforderlich. Da Gase als Brennstoffe aut besonders einfachem Wege vorgewärmt und mit Luft am leichtesten im richtigen Verbrennungsverhältnis gemischt werden können, verwendet man beim Martinofen als Brennstoff ausschließlich Gas. Hat die Einheit des Brennstoffs (bei festen Brennstoffen das Kilogramm, bei gasförmigen der Normalkubikmeter) entsprechend seiner Temperatur vor der Verbrennung den Wärmeinhalt i_B, den Heizwert H_u und

---

1) Vgl. hierzu vor allem Geiger a. a. O., dem die folgenden Ausführungen folgen.

beträgt die Luftmenge je Brennstoffeinheit L (Nm^3 oder kg) mit einem Wärmeinhalt je Mengeneinheit von i_l, dann ist die zur Verfügung stehende Wärmemenge je Einheit der Brennstoffmenge:

$$Q = H_u + i_B + L \cdot i_l,$$

Erfolgt die Verbrennung verlustlos, dann ist dieses Q als fühlbare Wärme in den Abgasen enthalten. Wenn A Nm^3 Abgas entsteht, und sein Wärmeinhalt je Mengeneinheit i_a ist, dann muß sein

$$Q = A \cdot i_a = H_u + i_B + L \cdot i_l,$$

woraus die theoretische Verbrennungstemperatur errechenbar ist.

Zieht man von i_a den Wärmeinhalt der Abgase bei 1800° C ab, so errechnet sich die oberhalb 1800° verfügbare Wärmemenge zu:

$$q = (H_u + i_B + L \cdot i_l) - A \cdot i_{1800^0}.$$

Die Formel besagt:

1. Hoher Heizwert des Gases H_u und kleine Abgasmenge, d. h. theoretisch richtige Einstellung der Menge der Verbrennungsluft zur Menge des Heizgases vergrößern die metallurgisch verwertbare Wärmemenge,

2. bei günstigster Lufteinstellung steigt die im Herd verwertbare Wärmemenge mit steigender Vorwärmung (Vergrößerung von i_B und i_l).

3. Da L immer größer als die Frischgasmenge ist, wirkt Steigerung der Luftvorwärmung stärker als Steigerung der Gasvorwärmung. Deshalb baut man den Ofen wie folgt:

Ein Oberofen mit dem Herd (Abb. 13) ist durch Köpfe und Gas- und Luftzüge mit dem Unterofen und den in ihm befindlichen Kammern verbunden; die Steuerung des Gas- und Luftstromes erfolgt durch Ventile und Klappen.

Der Herd muß lang genug sein, damit die Flamme sich gut entwickeln und bis zum Ende abgebrannt sein kann, dabei nicht zu breit, damit die Rückwand zur Reparatur durch die Türen in der Vorderwand erreichbar bleibt. Die Zustellung ist sauer oder basisch, je nachdem, ob man mit phosphorarmem Einsatz arbeitet

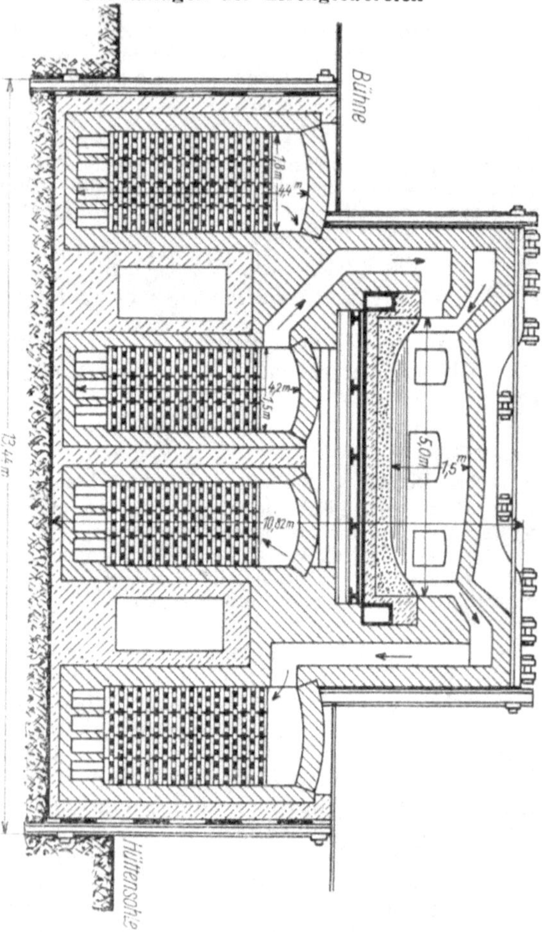

Abb. 13. Siemens-Martinofen für 15 Tonnen.
Aus: Sammlung Göschen Band 153: Eisenhüttenkunde 1944 S. 112.

oder nicht. Der Herd ruht auf besonderen Trägern, um die meist unter ihm befindlichen Kammern nicht mit seinem Gewicht zu belasten.

Gas und Luft werden durch die als Köpfe bezeichneten Brenner zugeleitet. Der Luftkanal liegt in der Regel über dem Gaskanal. Die Züge und die Köpfe müssen lang genug sein, um dem Gas- und Luftstrom die hinreichende Führung zu geben.

Der Unterofen enthält die Kammern zur Vorwärmung von Gas und Luft (bei Verwendung von Koksofengas nur von Luft). Sie befinden sich gewöhnlich unter dem Herd, manchmal sind sie „vorgezogen", um die Anbringung von Schlackenkammern unter dem vertikalen Teil der Gas- und Luftzüge in den Köpfen zu ermöglichen. Sie sind mit einem Gitterwerk von feuerfesten Steinen ausgemauert, das die Wärme zu speichern hat.

An Ventilen verwendet man die Siemens-Klappe heute nur noch für Luft, die einfach in der Bauart und betriebssicher, aber nicht sonderlich dicht ist, das Forter-Ventil, eine durch Hebel gesteuerte Muschel, und das Glockenventil, ein Zylinder, der durch Drehung um 90° Gaszuleitung, Kammern und Esse sinngemäß verbindet.

Was die metallurgischen Gesichtspunkte angeht, so bezweckt der Siemens-Martin-Ofen, durch Oxydation („Frischen") die Eisenbegleiter Kohlenstoff, Silizium, Mangan, Schwefel und eventuell andere zu entfernen.

Eine Eisenschmelzung (eine „Charge") verläuft im Grundsatz wie folgt: Schon beim Einschmelzen werden Nicht-Eisen-Bestandteile des Einsatzes oxydiert, außerdem verzundert ein Teil des festen Eisens. Diese Teile bilden nach dem Niederschmelzen des Stahls zusammen mit Teilen des Ofenfutters und dem eingesetzten Kalk eine stark eisenoxydhaltige Schlacke. Das in ihr enthaltene Eisenoxydul oxydiert die oben erwähnten Eisenbegleiter. Ist in der Schlacke nicht genug Eisenoxydul vorhanden, muß durch Zugabe von oxydischen Eisenerzen weiterer Sauerstoff zugeführt werden.

Dabei tritt aber auch eine ungewollte Oxydation des Eisens ein. Die Eisenoxyde sind im festen Eisen bis zu einem gewissen Grade löslich und verspröden es, wirken also schädlich. Außerdem reagieren sie bei der Erstarrung des Eisens mit dem Restkohlenstoff und veranlassen Kohlenoxydbildung. Die entstehenden Gase entweichen nicht völlig, bleiben zum Teil im Eisen zurück, und diese Gasblasen schädigen wiederum das Gußstück. Es ist deshalb im Anschluß an das oxydierende Schmelzen eine Desoxydation des flüssigen Metalls mit Mangan, Silizium, Aluminium usw. erforderlich, die feste und keine gasförmigen Desoxydationsprodukte liefern. Das kann entweder im Ofen oder in der Pfanne vorgenommen werden.

Man unterscheidet grundsätzlich zwei Schmelzverfahren, das basische und das saure, die sich dadurch unterscheiden, daß das basische Verfahren den Phosphor zu entfernen gestattet, das saure nicht. Die in der Oxydationsperiode sich bildende Phosphorsäure ist eine sehr schwache Säure, die nur durch Bindung mit Kalk an dem Rücktritt ins Eisen gehindert und in der Schlacke festgehalten werden kann. Das Führen einer kalkreichen Schlacke erfordert aber basisches Ofenfutter, da die stark basische Schlacke ein saures Futter sehr schnell zerstören würde. Bei phosphorarmen (damit aber auch saurem) Einsatz kann man auf saurem Herd arbeiten und eine saure Schlacke führen, weil die Entphosphorung keine Rolle spielt. Saurer Stahl ist meist auch etwas besser desoxydiert, da man schon während des Schmelzens den Siliziumgehalt leichter hochhalten kann.

In Deutschland gebraucht man in Stahlgießereien überwiegend den basischen Ofen, weil er die größere Unabhängigkeit von der Qualität des Einsatzes gibt, wenn schon der saure Ofen wegen seiner guten Desoxydation gerade für Stahlgießereien prinzipiell der bessere wäre.

Während der Oxydationsperiode, in der die unerwünschten Eisenbegleiter entfernt werden, stellt sich ein chemisches Gleichgewicht zwischen Bad und Schlacke und zwischen Schlacke und Gasatmosphäre ein.

Die Siliziumabscheidung verläuft nach der Reaktion

$$2\,FeO + FeSi \rightleftharpoons 3\,Fe + SiO_2 + W\,\frac{kcal}{mol}$$

Da SiO_2 schnell verschlackt wird, z. B. durch die Reaktionen

$$FeO + SiO_2 \rightleftharpoons FeSiO_3 + 5900\ kcal/mol,$$
$$2\,FeO + SiO_2 \rightleftharpoons Fe_2SiO_4 + 22120\ kcal/mol,$$

läuft die Reaktion von links nach rechts zu Ende. Die dabei freiwerdenden Wärmemengen erleichtern das Erhitzen des Bades; deshalb kochen Schmelzen mit verhältnismäßig siliziumreichem Einsatz besser als siliziumärmere. Aus saurem Herd wird, offenbar durch den Kohlenstoffgehalt des Einsatzes, Silizium reduziert, das die Reaktion vorwärts bringt. Der Siliziumgehalt der Schmelze wird dadurch, auch ohne besondere Zuschläge, nie gleich Null, die Schmelze selbst sehr FeO-arm, was für Stahlguß besonders wichtig ist.

Bei basischer Zustellung wird die Kieselsäure durch den Kalk verschlackt, etwa nach den Reaktionen:

$$CaO + SiO_2 \rightleftharpoons CaSiO_3 + 17400\ kcal/mol,$$
$$2\,CaO + SiO_2 \rightleftharpoons Ca_2SiO_4 + 28400\ kcal/mol,$$
$$3\,CaO + SiO_2 \rightleftharpoons Ca_3SiO_5 + 28700\ kcal/mol.$$

Bei phosphorreichem Einsatz darf beim basischen Verfahren der SiO_2-Gehalt der Schlacke nicht zu hoch werden (höchstens 15 bis 20%), da sonst Phosphor rückreduziert wird. Deshalb müssen siliziumreiche Einsätze wegen der starken Kieselsäurebildung mit entsprechend höherem Kalkzuschlag gefahren werden.

Die Kohlenstoffabscheidung verläuft im Prinzip nach den Reaktionen:

$$Fe_3C + 1/2\,O_2 \rightleftharpoons 3\,Fe + CO + 43992\ kcal/mol\ Fe_3C$$

(Frischwirkung durch die Flamme beim Einschmelzen),

$$Fe_3C + FeO \rightleftharpoons 4\,Fe + CO - 21676\ kcal/mol\ Fe_3C$$

(Wirkung zwischen Schlacke und Bad),

$$3\,Fe_3C + Fe_2O_3 \rightleftharpoons 11\,Fe + 3\,CO - 22607\ kcal/mol\ Fe_3C$$

(Vorgänge beim „Erzen“, d. h. bei der Erzzugabe zum Roheiseneinsatz).

Da FeO auch ins Bad wandert, findet damit zugleich eine Entkohlung, d. h. also eine CO-Bildung und somit eine Aufwirbelung des Bades auch in der Mitte statt. So steht das Bad wegen der Bildung von gasförmigen Reaktionsprodukten nicht nur mit der Schlacke, sondern auch mit der Ofenatmosphäre im Gleichgewicht. Das entstehende Kohlenoxyd muß den Partialdruck der Ofenatmosphäre überwinden, was man vor allem dann sieht, wenn beim Umstellen von Gas und Luft in dem Augenblick, wo der Ofen ohne Gasatmosphäre ist, das Bad aufschäumt.

Die Manganabscheidung verläuft nach der Reaktion

$$Mn + FeO \rightleftharpoons MnO + Fe + 25076 \frac{kcal}{mol}$$

Sie setzt einen hinreichend hohen Gehalt an FeO, der notfalls durch Erzen erreicht werden muß, und eine niedrige Temperatur voraus. Die Schlacke muß aber auch hinreichend dünnflüssig sein, da sie sonst zu reaktionsträge wird.

Die Entphosphorung folgt etwa folgenden Reaktionsschemata:

Erst bildet sich Phosphorsäure im Bade:

$$5\,FeO + 2\,Fe_3P \rightleftharpoons 11\,Fe + P_2O_5,$$

die sich mit Eisenoxydul umsetzt zu Trieisenphosphat,

$$3\,FeO + P_2O_5 \rightleftharpoons (FeO)_3 \cdot P_2O_5.$$

Mit Kalk bildet sich dann noch

$$(FeO)_3 \cdot P_2O_5 + 3\,CaO \rightleftharpoons (CaO)_3 \cdot P_2O_5 + 3\,FeO$$

ein Trikalziumphosphat.

Solange das Bad noch große Mengen von Fe_3C enthält, tritt eine Reduktion des Eisenphosphats nach

$$(FeO)_3 \cdot P_2O_5 + 8\,Fe_3C = 2\,Fe_3P + 21\,Fe + 8\,CO + W$$

ein, die also eine Entphosphorung verhindert. Bei höherer Temperatur verläuft die Reaktion von links nach rechts; deshalb ist bei höherer Temperatur eine Entphosphorung nur nach weitgehender Entkohlung möglich. Bei niedrigerer Temperatur findet eine Reduktion von $(FeO)_3 . P_2O_5$ in geringem Masse statt, so daß eine Entphosphorung auch schon vor dem völligen Abscheiden von Kohlenstoff möglich ist.

Die Entschwefelung geht teils nach der Reaktion

$$2\,FeO + FeS \rightleftharpoons 3\,Fe + SO_2 - 42535\ kcal/mol\ FeO,$$

teils nach der Formel

$$FeS + CaO \rightleftharpoons FeO + CaS$$

vor sich. Solange die Schlacke noch größere Mengen Metalloxyde enthält, ist eine Abscheidung des Schwefels als CaS nicht möglich. Dann kommt vornehmlich eine Überführung des Schwefels als Manganschwefel in die Schlacke in Frage. Bei der Notwendigkeit guter Entschwefelung ist eine wiederholte Entfernung der phosphorhaltigen Schlacke und ihr Ersatz durch eine reine Kalkschlacke unter Zusatz von Kohle oder Kalziumkarbid zum Freihalten des Bades von Metalloxyden nötig.

Das billigste Mittel zur Erzeugung schwefelarmer Produkte ist die Verwendung schwefelarmer Brennstoffe und schwefelarmen Einsatzes.

Was die Abscheidung der anderen Stoffe angeht, so läßt sich Kupfer, Nickel und Arsen überhaupt nicht oder nur in geringem Umfange entfernen. Zink wird verdampft, soweit es sich nicht mit Eisen legiert, dann ist es allerdings nicht mehr abscheidbar. Ganz oder zum größten Teil brennen heraus: Aluminium, Vanadium, Chrom und Titan.

An das oxydierende Schmelzen schließt sich die Desoxydation[1]) an. Im Prinzip verläuft sie wie die Abscheidung von Kohlenstoff, Silizium und Mangan beim sauren Schmelzverfahren. Es handelt sich dabei vor allem um ein Gleichgewicht zwischen Mangan und Silizium im Metall und der Summe von Eisenoxydul, Manganoxydul und Kieselsäure in der Schlacke. Ein Teil des Eisenoxyduls ist an Kieselsäure gebunden, ein Teil ist frei, und dieser freie Teil verteilt sich gemäß der Nernst'schen Verteilungskonstante L auf Bad und Schlacke. Abb. 14 zeigt einige Gleichgewichtslagen von Silizium und Mangan im Metall und der Zusammensetzung von FeO-MnO-SiO_2-Schlakken, sowie von freiem Eisenoxydul in der Schlacke bei 1527° C (1800° K) und 1627° C (1900° K) nach A. Schenck[2]) in einem Dreieckskoordinatensystem.

---

[1]) Vgl. hierzu vor allem H. Schenck, „Untersuchungen über die chemischen Vorgänge bei dem sauren Stahlerzeugungsverfahren und bei der Desoxydation des Stahles mit Mangan und Silizium". Krupp'sche Monatshefte 12, (1931), S. 63/81, vgl. auch Arch. Eisenhüttenwes. 4 (1930/31), S. 319.

[2]) Krupp'sche Monatshefte 12 (1931), S. 63/81, vgl. Arch. Eisenhüttenwesen 4 (1930/31), S. 319.

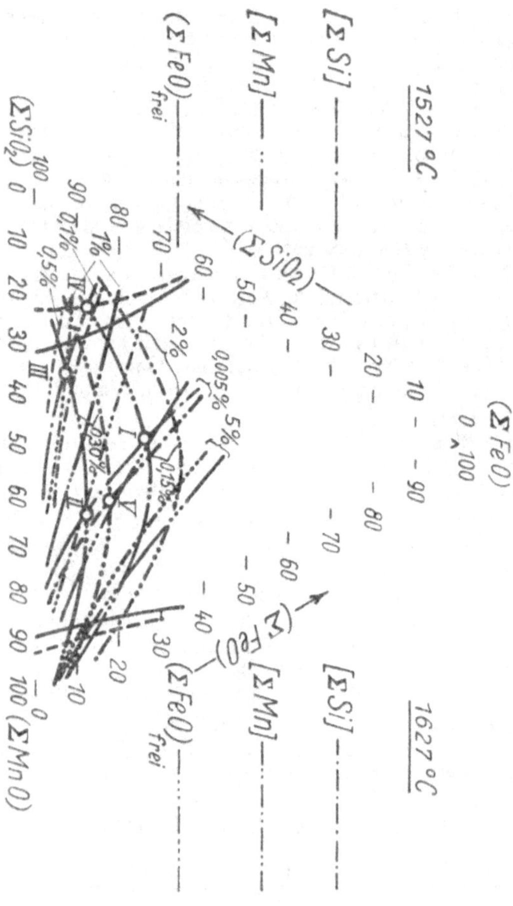

Abb. 14. Desoxydation von Stahl.

An ihm kann man den Vorgang der Desoxydation mit Mangan oder Silizium bei verschiedenen hohen Temperaturen gut verfolgen.

Beispiel:

$$L_{1527^\circ C} = \frac{[FeO]^{1)}}{(FeO)} = 1{,}01 \cdot 10^{-2}$$

$$L_{1627^\circ C} = 1{,}71 \,.\, 10^{-2}.$$

Stahl vor der Desoxydation bei 1527°C:
0,005% Si, 0,15% Mn,
Schlacke: 2% FeO,

Bad: $\frac{2 \,.\, 1{,}01}{100} = 0{,}0202$ FeO $= 0{,}0045$ % $[O]_{Fe}$

Mit 0,15% Mangan desoxydiert bei 1527° C:
Die Stahlzusammensetzung verschiebt sich von (I) nach (II):
Stahl nach der Desoxydation mit 0,15% Mn: (II)
0,005% Si, 0,30% Mn,
Schlacke: 1,5% FeO (interpoliert),

Bad: $\frac{1{,}5 \cdot 1{,}01}{100} = 0{,}0151$ % FeO $= 0{,}00338$ % $[O]_{Fe}$

Zusätzliche Desoxydation mit 0,095% Silizium bei 1527° C:
Die Stahlzusammensetzung verschiebt sich von (II) nach (III):
Stahl nach der zusätzlichen Desoxydation mit
0,095% Si: (III)
0,1% Si, 0,3% Mn,
Schlacke: 0,6% FeO (interpoliert),

Bad: $\frac{0{,}6 \cdot 1{,}01}{100} = 0{,}00605$ % FeO $= 0{,}00137$ % $[O]_{Fe}$.

Alleinige Desoxydation mit 0,095% Silizium bei 1527° C:
Die Stahlzusammensetzung verschiebt sich von (I) nach (IV).
Stahlzusammensetzung nach der Desoxydation mit 0,095% Si allein: (IV).
0,1% Si, 0,15% Mn,
Schlacke: 0,75% FeO (interpoliert),

Bad: $\frac{0{,}75 \cdot 1{,}01}{100} = 0{,}0076$ % FeO $= 0{,}00169$ % $[O]_{Fe}$.

---

[1]) FeO im Metallbad in eckigen Klammern, in der Schlacke in runden Klammern.

Die Behandlung mit 0,15% Mangan allein, aber bei 1627° C: Die Stahlzusammensetzung verschiebt sich von (I) nach (V).

Stahl nach der Zugabe von 0,15% Mn: (V),

0,005% Si, 0,3% Mn,

Schlacke: 3% FeO (interpoliert),

Bad: $\frac{3 \cdot 1,71}{100} = 0,0513\%\ FeO = 0,0144\%\ [O]_{Fe}$.

Der Stahl ist also trotz des Manganzusatzes nicht desoxydiert, sondern oxydiert worden.

4. 142 Der Betrieb

In Stahlgießereien arbeitet man ausschließlich nach dem Roheisen-Schrott-Verfahren. Es erlaubt die Verwendung großer Mengen von Stahlschrott, Trichtern und Köpfen aus dem eigenen Betrieb und von Bruch (Ausschußstücke eigener Schmelzung oder zu Bruch gegangene Stahlgußstücke aus dem Maschinenbetrieb) in einer Menge von mindestens 70% des Einsatzes. Im Grunde ist es ein einfaches Einschmelzen, wobei das zugesetzte Roheisen (Hämatit, Stahleisen usw.) den Rost des Einsatzes reduziert. Der Einsatz ist billig.

Stahlformguß erfordert einen sehr gut beruhigten Stahl, deshalb muß nach dem Einschmelzen desoxydiert werden. Die Zusammensetzung des Stahles liegt in der Grenze 0,1 bis 0,6% C, 0,3 bis 0,5% Si für das saure, $<$ 0,2% Si für das basische Verfahren, 0,5 bis 1,0% Mn, $<$ 0,1% P bzw. S. Im allgemeinen fällt der saure Stahl etwas kohlenstoffreicher an als der basische, weshalb man den sauerzugestellten Ofen gern für die härteren Stahllegierungen verwendet. Auch die Phosphor- und Schwefelgehalte sind meist etwas höher. Die Herstellung von legiertem Guß durch Zusatz von Nickel, Chrom, Molybdän, Vanadin usw. ist gleichfalls möglich.

Nach dem Einschmelzen wird der gewünschte Kohlenstoffgehalt eingestellt, und zwar bei zu hartem, d. h. zu kohlenstoffreich eingelaufenem Einsatz durch Erzzusatz, bei zu weichem, d. h. zu kohlenstoffarmem durch Roheisenzusatz (meist Spiegeleisen). Beim Ar-

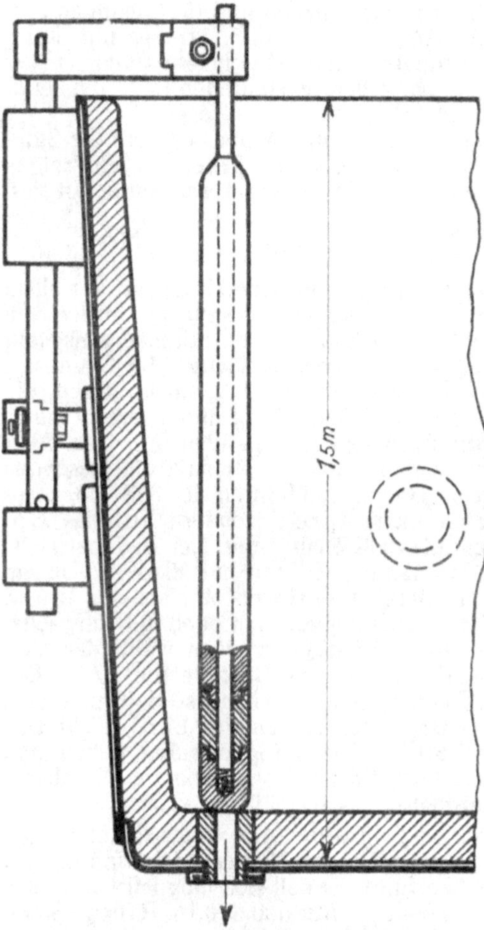

Abb. 15. Gießpfanne für 15 t (Teil eines Längsschnittes).

beiten im sauren Ofen wird anschließend im Ofen durch Zusatz von Ferrosilizium und Ferromangan desoxydiert und damit zugleich der Silizium- und Mangangehalt korrigiert. Dann wird in die Pfanne abgestochen. Beim basischen Verfahren erfolgt das Desoxydieren in der Pfanne.

Man verwendet im Stahlwerk überwiegend die Stopfenpfanne (Abb. 15), die beim Gießen ein Eindringen von Schlackenteilchen in die Gußform von selbst verhindert.

4. 15 Der Kleinkonverter

Der Kleinkonverter ist der Schmelzapparat vor allem für kleine Schmelzleistungen. Er kann in Größen von 500—5000 kg Inhalt gebaut werden, normalerweise faßt er 2 t. Immer ist er sauer ausgekleidet. Im Grundsatz arbeitet er wie die Großkonverter, d. h. durch die Schmelze geblasener Wind frischt durch seinen Sauerstoffgehalt die Eisenbegleiter aus dem Roheisen. Aber im Gegensatz zum Großkonverter sind die blasenden Düsen nicht im Boden, sondern an der Seite angeordnet, sie blasen nicht durch, sondern auf das Bad oder münden allenfalls 5 cm unter der Badoberfläche (Abb. 16). Man fand, daß man auf diese Weise ein bei weitem heißeres Eisen erreicht als beim Blasen durch das Bad. Auch kommt man dann mit schwächerem Gebläse (0,3—0,7 atü) aus. Man wählt das Verhältnis Birnendurchmesser zu Badtiefe wie 2 zu 1. Der Boden wird herausnehmbar gebaut, so daß man nach jedem Schmelztage den Boden der Birne leicht entfernen, der Luft Durchzugmöglichkeiten geben und die Birne zur Ausführung von Flickarbeit in dieser Art verhältnismäßig rasch abkühlen kann.

Der Einsatz wird im Kupolofen vorgeschmolzen und im flüssigen Zustand durch Rinnen oder Kipppfannen in die Birne überführt. Er soll sich möglichst zwischen 1,6—1,8 % Si, 0,6—1,0 % Mn und $\leq$ 0,1 % P. bzw. S halten, also phosphor- und schwefelarm sein. Der Kohlenstoffgehalt ist ohne nennenswerte Bedeutung. Falls Stahlschrottzusätze im Kupolofen gemacht werden, können bei der ersten Charge bis etwa 50%, später, wenn Konverter und Kupolofen heiß genug sind, viel-

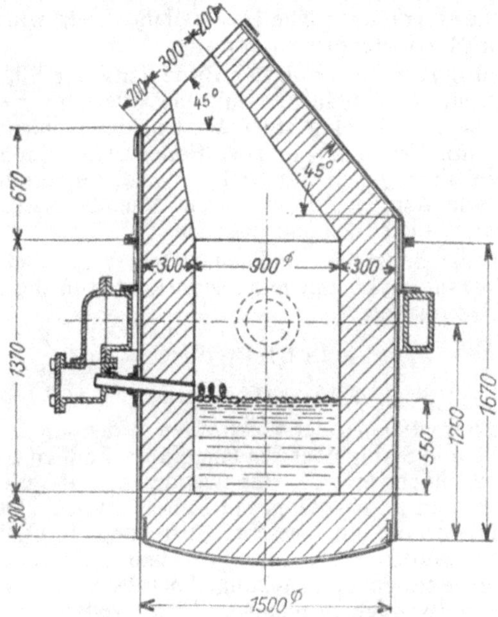

Abb. 16. Gießerei-Kleinkonverter.

leicht etwas mehr, gegebenenfalls bis zu 100%, zugesetzt werden. Wegen möglicher Schwefelaufnahme ist auf guten, schwefelarmen Koks zu achten.

Das Frischen verläuft praktisch so wie beim Bessemer-Verfahren, die Siliziumverbrennung liefert die erforderliche Wärme. Sie wird verhältnismäßig früh entwickelt, so daß der Prozeß im allgemeinen glatt abläuft und heißen Stahl ergibt. An Wind sind bei einem 2-t-Konverter pro Minute etwa 80 Nm³ erforderlich, d. h. also etwa so viel Tonnen Wind wie Tonnen Stahl erschmolzen werden. Die Gesamtblasezeit beträgt 15 bis 20 Minuten, ihr Ende ist am Zusammenfallen der Flamme zu erkennen. Die Desoxydation geht wie beim sauren Martinofenprozeß vor sich.

Nach dem Frischen in der Birne kann der Siliziumgehalt mit Hochofen-Ferrosilizium oder mit EK-Paketen (s. 3. 131) eingestellt werden, der Kohlenstoffgehalt mit Ferromangan oder Roheisen, wodurch die Charge auch gleich desoxydiert wird. Legierungszusätze, wie Mangan, Nickel, Chrom, Vanadin, usw. werden meist in die Pfanne gegeben.

Birnenstahl ist im allgemeinen teurer als Siemens-Martinstahl; er kommt mit seinen Kosten in die Nähe des Elektrostahls.

4. 16 Elektroöfen

4. 161 Allgemeines

Seit etwa 1900 ist der Elektroofen in den Gießereien, vor allem in Stahlgießereien eingeführt. Er wird besonders für hochwertigen, dünnwandigen Stahlguß verwendet, und zwar sowohl mit saurer, als auch, besonders in Europa, mit basischer Zustellung. In Graugießereien werden die Lichtbogen- und Induktionsöfen überwiegend zur Herstellung höchstwertigen Graugusses verwendet, in manchen Fällen zeitweise neben der Herstellung von Grauguß auch zur Herstellung von Stahlguß.

Die Vorteile des Elektroofens liegen vor allem auf dem Gebiete sauberster Erschmelzung von Stahlguß, hochwertigem Maschinenguß, Temperguß und legiertem Guß. Die Einsatzgewichte können im selben Ofen um mehr als 100% variieren, eine Temperaturregelung ist gut möglich. Der Ofen gibt sehr heißes Eisen und vor allem auch eine heiße Schlacke, die eine Rückreduktion von Legierungszusätzen aus der Schlacke ins Bad und gute Desoxydation ermöglicht. Die Schmelzung kann oxydierend, neutral und reduzierend geführt werden, der Abbrand ist gering (1—3% im Elektroofen gegenüber 4—7% im Siemens-Martinofen, 6 bis 12% im Kupolofen und 16—24% im Kleinkonverter). Der Einsatz braucht nicht sehr hochwertig zu sein, Entkohlung, Entschwefelung und Entphosphorung ist gut möglich, desgleichen Desoxydation und Entgasung. Sein Platzbedarf ist gering, seine Arbeitsbereitschaft hoch. Er ist betriebstechnisch und metallurgisch der ideale Ofen, wenn wirtschaftliche Fragen nicht im Vordergrund des Interesses zu stehen brauchen.

Nachteilig sind seine hohen Anschaffungskosten (das acht- bis zehnfache einer Kupolofenanlage) und, je nach Höhe des Strompreises, auch seine Betriebskosten. Letztere können durch Verwendung flüssigen Einsatzes (Duplex-Betrieb) gesenkt werden. Nachteilig ist des weiteren sein diskontinuierlicher Betrieb; freilich teilt er diesen Nachteil mit jedem Flammofen und mit der Birne.

4. 162 Elektroofentypen der Eisengießereien[1])

Der meist verwendete Elektroofen in Gießereien ist der Lichtbogenofen nach Héroult mit horizontalem Stromdurchgang durch das Bad. Er wird heute fast ausschließlich mit verkettetem Drehstrom betrieben, wobei zur Regulierung von Spannung und Stromstärke alternativ im Dreieck oder im Stern geschaltet werden kann. Das Prinzip des Ofens zeigt Abb. 17. Er wird für Einsätze von 0,5—40 t gebaut und ist besonders für mittlere und größere Einsätze wegen seiner guten Wärmeverteilung geeignet. Günstig ist der verhältnismäßig große, vom elektrischen Teil unabhängige

[1]) Einzelheiten über alle Elektroöfentypen siehe den Artikel von K. Dornhecker in C. Geiger, a. a. O., Band III. (2. Aufl. 1928), S. 322ff.

Schmelzraum. Meist wird der Héroultofen kippbar gebaut.

Hin und wieder findet man auch den Induktionsofen. Eine Primärspule um ein Eisenjoch, von hochgespanntem Strom geringer Stärke durchflossen, induziert im Metallbad, das als Sekundärspule eines Transformators wirkt, einen niedrig gespannten Strom hoher Stärke. Der Ohmsche Widerstand des Metallbades, das meist flüssig eingesetzt wird, führt zur Erwärmung auf die für die metallurgischen Reaktionen und die Überhitzung notwendige Temperatur.

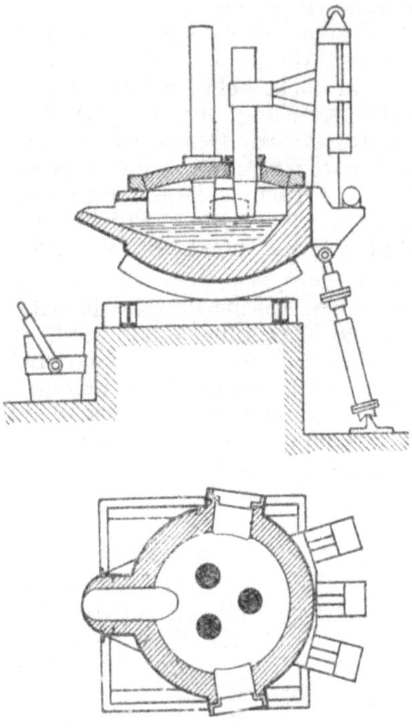

Abb. 17. Héroult-Lindenberg-Ofen. (Nach: C. Geiger, „Handbuch der Eisen- und Stahlgießerei".)

Durch die vom Strom verursachte kreisende Bewegung des Bades tritt eine gute Durchmischung der Schmelze ein, die den Ofen gerade zum Legieren sehr geeignet macht. Nachteilig ist die Tatsache, daß die Schlacke kälter ist als das Bad, da sie nur durch das Metall erhitzt wird, wodurch, im Gegensatz zum Lichtbogenofen, die Schlackenarbeit erschwert wird. Man kann den Induktionsofen einphasig und zweiphasig betreiben.

Die Frequenz liegt zwischen 5 (große Öfen) und 50 (kleine Öfen) Perioden. Sie soll klein sein, um den induktiven Widerstand zu verkleinern und dadurch den elektrischen Wirkungsgrad („cos φ“) zu verbessern. Die Anlagen werden durch die kleine Frequenz teuer.

Hochfrequenzöfen (kernlose Induktionsöfen) werden in Gießereien selten verwendet.

Zur Schmelzung kleiner Gußmengen (30 kg bis 1 t) führt sich der Graphitstabofen gut ein. Zur Beheizung dient ein über der Schmelze liegender Graphitstab (bei größeren Öfen drei), der durch einen Strom von etwa 40 V Spannung und 300—400 Amp/cm², auf eine Temperatur bis etwa 2300° C gebracht wird. Durch seine Strahlung erhitzt er das Bad. Kleine Ofeneinheiten werden als rotierende Trommelöfen gebaut (s. 4. 13). Die Atmosphäre im Schmelzraum ist stark CO-haltig, d. h. nicht oxydierend. Die Bedienung ist einfach, bei niedrigen Strompreisen sind die Betriebskosten gering, punktförmige Hitze und Übertemperaturen werden vermieden.

4. 163 Arbeitsweise

Die metallurgischen Vorgänge in den Elektroöfen sind praktisch dieselben wie im Siemens-Martinofen (s. 4. 141). Typisch für das Arbeiten im basischen Lichtbogenofen ist jedoch die Möglichkeit, eine Kalziumkarbidschlacke aus Kalk und Kohle zu bilden, die nach der Reaktion

$$CaO + 3\,C = CaC_2 + CO;$$

$$3\,FeO + CaC_2 = 3\,Fe + CaO + 2\,CO$$

stark desoxydierend und entgasend wirkt. Nach der Vordesoxydation mit Silizium und Mangan kann also die Enddesoxydation über Kohlenstoff erfolgen. Allerdings kann dabei eine Kohlung des Gusses eintreten, was bei Gußeisen nicht besonders schädlich ist. Nach der Desoxydation setzt die Entschwefelung durch Kalk und Kohle, bzw. Silizium ein nach dem Reaktionsschema:

$$FeS + CaO + C = Fe + CaS + CO$$
$$2\,FeS + 2\,CaO + Si = 2\,Fe + 2\,CaS + SiO_2.$$

Legiert wird im allgemeinen erst nach Desoxydation, Entgasung und Entschwefelung, vor allem, wenn es sich um Legierungselemente handelt, die leicht oxydieren und von denen also ein großer Teil in die Schlacke gehen würde.

4. 2 Trockenöfen und Trockeneinrichtungen

Formen und Kerne werden aus Formmassen hergestellt, denen man zur Hebung der Plastizität bzw. der Bindefähigkeit Wasser oder flüssige Bindemittel zusetzt. Nun will man aber beim Abguß viele Formen und die meisten Kerne in getrocknetem Zustand verwenden. Es muß also das zugesetzte Wasser herausgetrieben werden. Außerdem sollen bei den Kernen auch noch die zugesetzten Bindemittel teilweise abgebaut werden bis zu gewissen Rückständen, die die Bindung der Körner bewirken und dem Kern so Festigkeit geben. Bei den Schamottemassen des Stahlgusses soll endlich noch das Hydratwasser des Tones entfernt werden.

Zu diesem Zwecke benutzt man ortsfeste Trockenöfen oder transportable Trockeneinrichtungen. Sie arbeiten prinzipiell so, daß ein Strom von vorgewärmter Luft und Verbrennungsgas die Formen und Kerne umspült, den Verdunstungsprozeß beschleunigt und das Wasser als Wasserdampf abführt. Das gasförmige Trocknungsmedium muß also selbst bei Eintritt in den Ofen oder die Form in bezug auf seinen Wasserdampfgehalt ungesättigt sein. Außerdem muß es gleichmäßig alle Ecken der Form oder des Ofens erreichen und die Kerne umspülen, um eine gleichmäßige Trocknung zu erzielen.

Als Wärmeerzeuger kann man Koks oder Gas verwenden, wobei das Gas fast in jedem Falle den Vorzug genießt.

Die Trocknung der Kerne führt man fast stets in ortsfesten Öfen durch. Sie können so eingerichtet sein, daß man die Kerne auf Gestellen in den Ofen fährt und nach der Trocknung durch neue ersetzt, oder auch so, daß ein turmförmig gebauter Ofen ein Paternosterband trägt, auf dem die Kerne vertikal durch den Ofen wandern und getrocknet werden.

Für Formen hat man gleichfalls große, ortsfeste Öfen, in die die zu trocknenden Formen auf Tischen hereingefahren werden. Sie werden bis zu den größten Abmessungen gebaut.

Zum Trocknen für im Boden der Gießerei hergestellte Formen hat man transportable Trockeneinrichtungen entwickelt. Sie bestehen grundsätzlich aus einer Feuerung (Koks oder Gas), die einen von einem Ventilator gelieferten Luftstrom erhitzt, wobei ein Teil der Abgase mit dem erhitzten Luftstrom vereinigt wird. Dieser Strom warmer Gase nimmt die Trocknung vor. Bei sehr großen Formen kann man mehrere solcher Apparate zusammenarbeiten lassen.

5. Allgemeine Erscheinungen beim Gießen

Metalle haben im festen Zustand ein Kristallgitter, sie bestehen aber praktisch nicht aus einem einzigen Kristall, sondern aus einem Haufwerk von Kristallen, sie sind „kristallin“. Der Übergang vom flüssigen zum festen Zustand tritt deshalb nicht, wie bei amorphen Körpern (z. B. Gläsern) kontinuierlich, sondern bei einem wohldefinierten Schmelzpunkt (reine Metalle und eutektische Legierungen) oder in einem wohldefinierten Schmelzintervall (Legierungen), ein, sie kristallisieren[1]). Mit sinkender Temperatur nimmt ihr Volumen ab, sie schwinden, dabei erstarren sie meist lagenweise, wobei ein Resthohlraum im Innern oder im oberen Teil der Form übrigbleibt, sie lunkern. Bei Legierungen kann häufig eine gewisse Entmischung der Legierungsbestandteile eintreten, sie seigern. Endlich lösen flüssige Metalle Gase, die sie beim Kristallisieren größtenteils wieder abgeben; es bilden sich Gasblasen.

5. 1 Kristallisation

Die Kristallisation eines Metalls geht von in der Schmelze vorhandenen Keimen aus, die entweder von der Erschmelzung noch vorhanden sind, sich spontan bilden oder die künstlich hineingebracht werden können. Je größer die Zahl der Keime ist, um so feinkörniger ist das erstarrte Metall und umgekehrt. Die Größe der Keimzahl ist abhängig von dem Grad der Unterkühlung, d. h. von der Anzahl der Temperaturgrade, die das Metall unter seinem eigentlichen Erstarrungspunkt oder Erstarrungsbeginn flüssig bleibt. Diese Unterkühlung ist in ihrem Ausmaß wieder abhängig von der Abkühlungsgeschwindigkeit; je größer die Abkühlungsgeschwindigkeit, desto größer die Keimzahl, desto feinkörniger das erstarrte Metall und umgekehrt. Feinkörnigkeit ist im allgemeinen der erstrebte Zustand der Metalle.

Die Kristallisationsgeschwindigkeit, d. h. die Geschwindigkeit, mit der ein Kristall wächst, ist gleichfalls von Einfluß auf die Kristallgröße: Große Kristallisationsgeschwindigkeit führt zu großen Kristallen. Auch sie wächst mit zunehmender Unterkühlung, nimmt mit sehr starker Unterkühlung allerdings auch wieder ab. Das wird vor allem bei Silikatschmelzen beobachtet und führt zu amorpher Erstarrung oder Verglasung.

---

[1]) Siehe hierzu H. Borchers, a. a. O.

Keimzahl und Kristallisationsgeschwindigkeit regeln die endgültige Größe der entstehenden Kristalle oder Körner.

5. 2 Schwindung

Metalle dehnen sich beim Erwärmen aus und ziehen sich beim Erkalten zusammen. Als Maß der Ausdehnung dient in der Praxis der mittlere lineare Ausdehnungskoeffizient β, der die Längenänderung der Längeneinheit bei 1^0 Temperaturerhöhung angibt. Es ist also:

$$\beta = \frac{1}{l_1} \frac{l_{t2} - l_{t1}}{t_2 - t_1},$$

wobei l_1 die Länge des Stabes bei der Temperatur t_1, l_2 die Länge bei der Temperatur t_2 und t_2 minus t_1 das betrachtete Temperaturintervall ist. Wählt man $t_1 = 0^0$, dann wird mit hinreichender Genauigkeit $l = l_0 (l + \beta t)$. Den kubischen Ausdehnungskoeffizienten α kann man gleich 3β setzen.

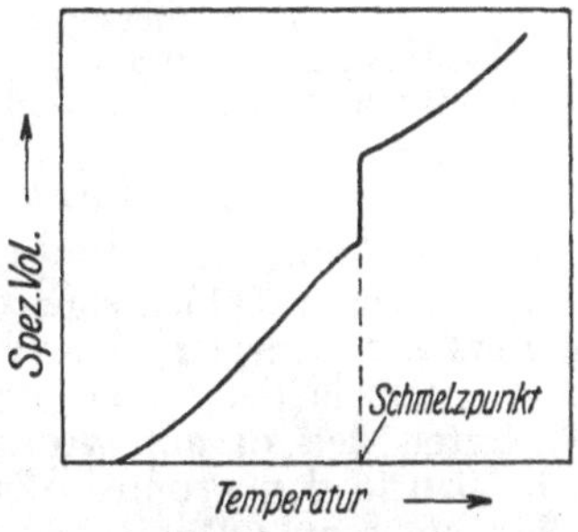

Abb. 18. Temperaturabhängigkeit des spez. Volumens von weißem Roheisen (schematisch nach Zimmermann und Esser).

Die Ausdehnungskurve weist am Übergang von der flüssigen zur festen Phase eine Unstetigkeitsstelle auf (Abb. 18). Die Zusammenziehung der Metalle beim Erstarren und Erkalten bezeichnet man als Schwindung. Sie muß vom Modellbauer vor allem bei der Dimensionierung der Modelle berücksichtigt werden, da infolge der Schwindung der Abguß immer kleiner ist als das Modell. Die Größe der Schwindung hängt ab von der Art des Metalls, von der Höhe der Überhitzung im flüssigen Zustand, von der Form des Gußstückes usw. Einige mittlere lineare Schwindungskoeffizienten (Schwindmaße) sind in Tafel 2 zusammengestellt.

Tafel 2

Schwindungskoeffizienten

Grauguß, leichter u. mittlerer	1%
Zylinderguß, in der Länge,	0,9%
Zylinderguß, im Durchmesser,	0,5%
Schwerer Grauguß,	0,7 bis 0,8%
Guß mit Rippen,	0,5 bis 0,7%
Temperguß, Rohguß,	1,85 bis 2,0%
Temperguß, weiß getempert	2,4 bis 0,5%
Temperguß, schwarz getempert	1,5 bis 1,0%
Stahlguß, normaler	2,4 bis 2,1%
Stahlguß, zylindrisch, (Durchmesser u. Länge)	1,6 bis 2,0%
Stahlguß, Speichenräder,	1,8%
Stahlguß, 12%iger Mn-Stahl	2,8 bis 3,0%

5. 3 Lunkerung

Mit der Schwindung hängt die Lunkerung zusammen. Da ein Gußstück lagenweise von außen nach innen erstarrt, kann ein Hohlraum („Lunker") auftreten. Man unterscheidet Außen- und Innenlunker (Abb. 19). Sie treten stets da auf, wo das Metall zuletzt erstarrt, d. h. also in den größten Wanddicken.

Ein solcher Lunker schädigt das Gußstück, da an seiner Stelle eine Schwächung der Wand des Gußstückes eintritt, wobei die Rauheit der Lunkerwand durch zusätzliche Kerbwirkung besonders leicht Anrisse veranlaßt. Man muß den Lunker also möglichst vermeiden. Das geschieht am besten durch folgende Maßnahmen:

1. Der Konstrukteur sollte möglichst die Wände des Gußstückes gleich dick halten und Stoffanhäufungen vermeiden. Diese Forderung ist nicht immer durchführbar.

2. Dann muß der Gießer „verlorene Köpfe" („Steigetrichter", „Steiger") setzen, wodurch er den Lunker aus dem Gußstück in den verlorenen Kopf verlegt, der später abgetrennt wird (Abb. 19). Dabei muß aber darauf geachtet werden, daß die Wanddicke von

unten nach oben gleichmäßig zunimmt. Man kann das durch die Kreismethode feststellen. Notfalls müssen die Köpfe mit übergreifenden Keilen versehen werden, durch die diese Forderung erfüllt wird. Abb. 20 veranschaulicht den Gedankengang.

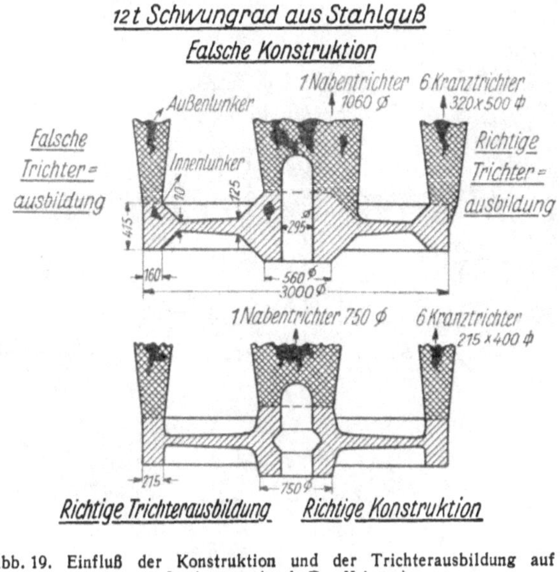

Abb. 19. Einfluß der Konstruktion und der Trichterausbildung auf die Lunkerung (nach Dr. Krieger).

3. Man kann den Lunker auch dadurch zu vermeiden suchen, daß man Stellen stärkerer Stoffanhäufung künstlich schneller kühlt, so daß sie mit den dünneren Wandstärken zu gleicher Zeit erstarren. Man macht das dadurch, daß man an diesen Stellen in die Sandform Kokillen oder Schreckplatten anbringt, die die Wärme schneller ableiten, als die Sandmasse (Abb. 21), oder indem man Kühleisen in die Form einlegt, die vom flüssigen Metall aufgeschmolzen werden müssen

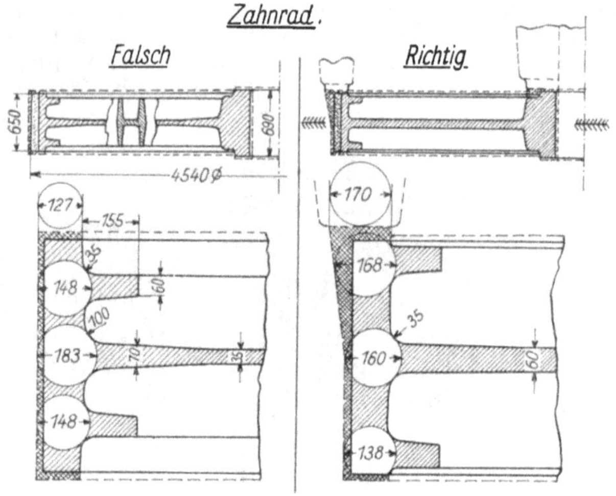

Abb. 20. Bestimmung der für die Erstarrung günstigen Querschnitte mit der Kreis-Methode.

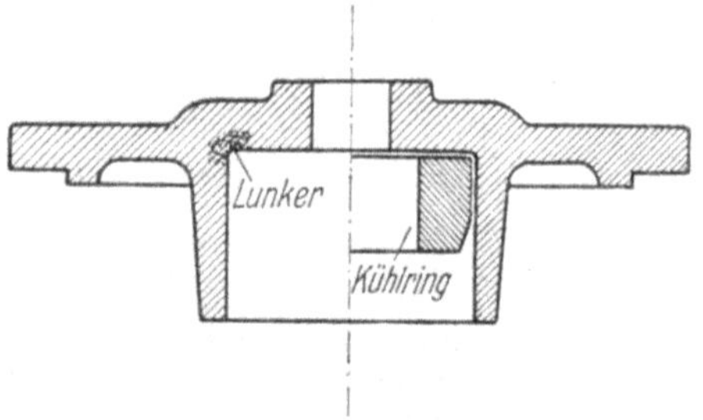

Abb. 21. Verhinderung der Lunkerbildung durch Einlegen eines Kühlringes.

und so die Erstarrung beschleunigen (Abb. 22). Beide Maßnahmen sollte man aber nur dann anwenden, wenn die Beseitigung des Lunkers durch verlorene Köpfe nicht möglich ist; selten haben sie einen vollen Erfolg, meist wird der Lunker nur in viele kleine „Mikrolunker“ („schwammige Stellen“) aufgeteilt.

5. 4 Spannungen

Eine weitere Folge der Schwindungen sind die Spannungen. Unter Vernachlässigung komplizierender Einzelheiten entstehen sie folgendermaßen:

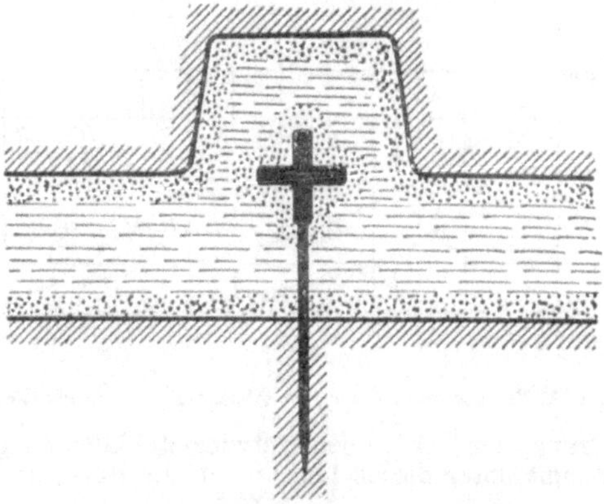

Abb. 22. Verhinderung der Lunkerbildung durch eingelegte Kühleisen. (Nach: Fettweiß und Frede).

Ein abkühlender Körper folgt dem Newton’schen Abkühlungsgesetz:

$$t = t_0 \cdot e^{-k \cdot z},$$

wobei t die jeweilige Temperatur,
t_0 die Ausgangstemperatur,
z die Zeit seit Beginn der Abkühlung,
e die Basis der natürlichen Logarithmen,
k einen Proportionalitätsfaktor

bedeuten. k enthält unter anderem (z. B. Schmelzwärme), vor allem das Verhältnis der Oberfläche O zum Volumen J des Gußstücks. Bei gleich langen Stäben ist z. B. k klein, wenn der Stab dick, und groß, wenn er dünn ist. Nach gleicher Zeit seit Beginn der Abkühlung von gleicher Temperatur hat ein dünner Stab eine niedrigere Temperatur als ein dicker Stab. Abb. 23 zeigt den Temperaturverlauf für zwei Stäbe von $l_0 = 100$ cm Länge und 2 bzw. 4 cm Durchmesser, wobei $k = \frac{0}{J}$ im ersten Falle gleich 2, im zweiten gleich 1 und die Ausgangstemperatur t_0 mit 1000° C angenommen ist. Zu gleicher Zeit tritt eine Längenänderung, und zwar wegen der Abkühlung eine

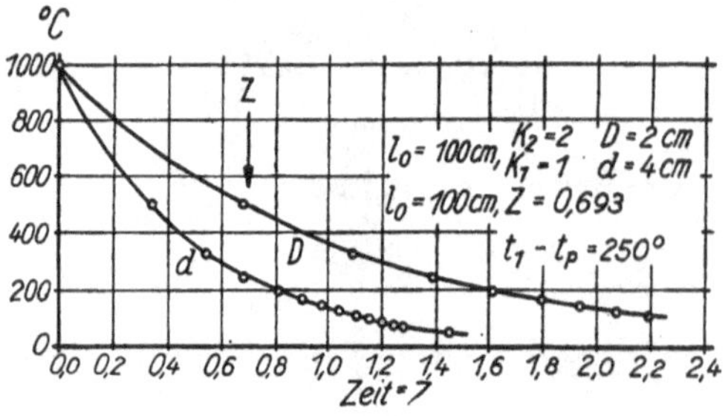

Abb. 23. Temperaturänderung in Abhängigkeit von der Zeit.

Verkürzung, ein. Die oben entwickelte Gleichung (vgl. 5. 2) nimmt unter diesen Umständen die Form an

$$l = l_0\ (1 - \beta\langle t_0 - t\rangle),$$

wobei l die Länge des Stabes bei der Temperatur t,

l_0 die Ausgangslänge (in vorliegendem Falle 100 cm),

β den linearen Ausdehnungskoeffizienten (zu $0{,}13 \cdot 10^{-4}$ angenommen),

t die jeweils bei der Abkühlung erreichte Temperatur

bedeuten. Den Zusammenhang zwischen Länge des Stabes und Zeit der Abkühlung ergibt die Kombination der beiden Gleichungen:

$$l = l_0\ (1 - \beta \cdot t_0\ \langle 1 - e^{-k \cdot z}\rangle).$$

Abb. 24 zeigt den Längeverlauf in Abhängigkeit von der Zeit. Sind die beiden Stäbe nicht unabhängig voneinander beweglich, sondern fest miteinander verbunden, dann müssen sie sich auf eine gemeinsame Länge einigen. Dadurch entstehen im dicken Stab Druck- und im dünnen Zugspannungen. Sind die Stäbe wegen hoher Temperatur noch plastisch, dann kommt es zu plastischen Deformationen und die Spannungen werden zum Großteil abgebaut. Sinkt die Temperatur aber bis zu einem Punkte ab, von dem ab die Stäbe nur noch elastischen Deformationen fähig sind, etwa bis zum Punkte Z = 0,7, (Abb. 24), dann tritt der Fall ein, daß die bis dahin plastisch deformierten Stäbe zwar gleiche Längen, nämlich 99,2 cm in Abb. 24, aber verschiedene Temperaturen, nämlich etwa 500° der

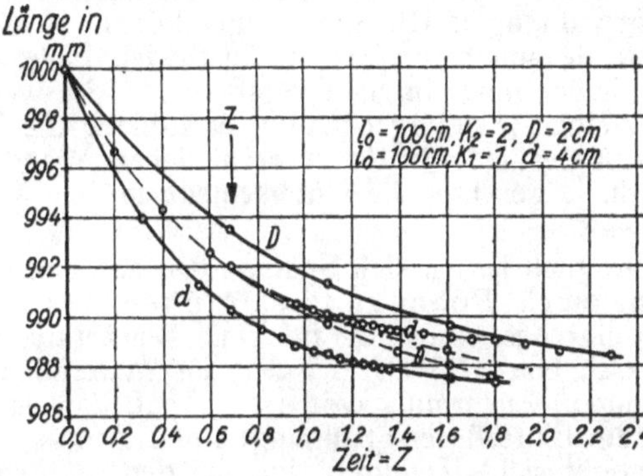

Abb. 24. Längenänderung in Abhängigkeit von der Zeit.

dicke und etwa 260° der dünne Stab (Abb. 23), haben. Man kann den Punkt als einen Ausgangspunkt der Abkühlung betrachten, wobei die Stäbe an diesem Punkte zwar gleiche Länge ($l_0 = 99{,}2$ cm), aber verschiedene Ausgangstemperaturen (t_0 für Stab mit 4 cm ∅ gleich 500° C, t_0 mit 2 cm ∅ gleich 260° C nach Abb. 23) haben. Die weitere Abkühlung müßte bei freibeweglichen Stäben gemäß den gestrichelten Linien vor sich gehen. Die gekoppelten Stäbe müssen sich wieder auf eine gemeinsame Länge einigen, so wie es in Abb. 24 durch strichpunktierte Linie angedeutet ist. Der dicke Stab muß also länger und der dünne kürzer werden, als eigentlich seinem Abkühlungsgesetz entspricht. Da in den niedrigen Temperaturlagen plastische Deformationen nicht oder nur in geringem Umfange möglich sind, steht der dicke Stab unter Zug-, der dünne unter Druckspannung.

Auf diese Weise entstehen also in Gußstücken Spannungen, deren Größe, wie man mathematisch zeigen kann, außer vom Elastizitätsmodul und vom Ausdehnungskoeffizienten nur noch von den Temperaturdifferenzen der beiden Stäbe abhängt [1]).

Die gleichen Überlegungen gelten für die Außenzone und den Kern dickwandiger Gußstücke (z. B. Walzen). Die Außenzone steht unter Druck-, die Innenzone unter Zugspannungen. Die Spannungen können beträchtliche Größe annehmen. Im ungünstigsten Falle kann das Gußstück unter ihrem Einfluß reißen. Sie werden um so kleiner, je geringer bei der Abkühlung die Temperaturunterschiede in den verschiedenen Wandstärken, d. h. je geringer die Unterschiede in den Wanddicken sind.

Nachträglich lassen sich Spannungen aus den Gußstücken durch Spannungsfreiglühen beseitigen. Man bringt das Gußstück auf eine Temperatur (bei Eisen z. B. 600—650° C), bei der das Material einen so geringen Verformungswiderstand hat, daß es sich unter dem Einfluß der Spannungen plastisch verformt (es verzieht sich). Dadurch sind bei der Glühtemperatur selbst die Spannungen entfernt. Dann muß man so langsam abkühlen, daß dabei keine Temperaturdifferenzen in den verschieden dicken Wänden des Gußstückes neu entstehen, was man durch Abkühlung im Glühofen immer erreichen kann.

---

[1]) Vereinfacht dargestellt:

Ist t_{op} die Temperatur des dünnen Stabes im Augenblick, wo er sich nur noch elastisch ändert,

t_{oi} die Temperatur des dicken Stabes im Augenblick, wo er sich nur noch elastisch ändert.

t_p die Temperatur des dünnen Stabes z' Minuten später,

t_i die Temperatur des dicken Stabes z' Minuten später,

dann ist:

$$\sigma = \varepsilon \cdot E = E \frac{\beta \; [(t_{op} - t_p) - (t_{oi} - t_i)]}{2 - \beta \; [(t_{op} - t_p) + (t_{oi} - ti\;)]}$$

5. 5 Gasblasen

Gase lösen sich in flüssigen Metallen. Die Löslichkeit nimmt mit sinkender Temperatur kontinuierlich, am Erstarrungspunkte oder im Erstarrungsintervall sprunghaft ab. Die Gase suchen zu entweichen, was wegen der beginnenden Strengflüssigkeit des Metalls nur teilweise gelingt. So bleibt ein Teil der Gase als Gasblasen im erstarrten Metall zurück.

Vor allem Stahlguß, weniger Grau- und Temperguß, zeigt diese Erscheinungen. Es handelt sich dabei meist um Kohlenoxyd-, manchmal auch um Wasserstoffeinschlüsse. Eine gute Desoxydation (s. 4. 141) verbunden mit möglichst niedriger Gießtemperatur verhindert oder verkleinert die Gasblasenbildung. Da während des Abgießens das flüssige Metall mit Luft in Berührung kommt und FeO bilden kann, das mit dem Kohlenstoff des Stahls unter CO-Bildung reagiert, ist ein genügend hoher Siliziumgehalt im Stahlguß von Vorteil, da er desoxydierend wirkt und auch diese nachträgliche CO-Bildung verhindert. Wasserstoff im Stahl kann nur durch metallurgische Behandlung im Schmelzofen entfernt werden.

5. 6 Seigerungen

Unter Seigerungen versteht man Entmischungserscheinungen in den Legierungen, die mit der Änderung der Löslichkeit von Legierungskomponenten mit abnehmender Temperatur zusammenhängen. Gewisse chemische Elemente oder Verbindungen, die im flüssigen Metall gelöst und gleichmäßig verteilt waren, reichern sich während der Erstarrung lokal an, und zwar an den Stellen, die am längsten flüssig bleiben, infolgedessen besonders da, wo im Gußstück Stoffanhäufungen vorhanden sind.

Von den Eisenlegierungen ist es vor allem der Stahlguß, weniger Grau- und Temperguß, der zu Seigerungen neigt, und zwar reichern sich besonders Phosphor- und Schwefelverbindungen, in geringerem Grade auch Kohlenstoff örtlich an. Seigerungen sind unerwünscht, da sie die Eigenschaften des Werkstoffes, namentlich seine Festigkeitseigenschaften, verungleichmäßigen, jedoch ist ihr Schaden bei gegossenem Material weniger groß als bei geschmiedetem und gewalztem.

Grundsätzlich sind sie durch Diffusionsglühen zu entfernen, d. h. durch Glühen bei so hohen Temperaturen, daß sich die angereicherten Elemente oder Verbindungen im festen Metall durch Diffusion gleichmäßig verteilen. Das gelingt bei Phosphor- und Schwefelverbindungen nur in sehr unzureichendem Masse und nur bei sehr hohen Temperaturen (~ 1100°) und sehr langen Glühzeiten. Man verzichtet deshalb meist auf ihre Entfernung. Kohlenstoff aber ist leicht gleichmäßig zu verteilen, dazu genügt schon eine Temperatur von 800—950° und verhältnismäßig kurze Zeit (etwa 1 Stunde für je 20 mm Wanddicke). Nach der Glühung kann man im Ofen oder an Luft abkühlen.

Seigerungen werden um so kleiner, je gleichmäßiger die Wanddicke des Gußstückes ist.

6. Formen, Gießen, Putzen

6. 1 Formen

6. 11 Arten der Formerei

Die große Mannigfaltigkeit und die in weiten Grenzen schwankende Anzahl der notwendigen Abgüsse beeinflussen die Art der Gußformenherstellung in jedem einzelnen Fall. So wird je nach der Art der Gußstücke unterschieden in Herdformerei, Kastenformerei und Schablonenformerei und je nach Anzahl der Abgüsse in Handformerei und Maschinenformerei. Besonders bei der Kastenformerei entscheidet die Anzahl der geforderten Abgüsse, ob von Hand oder mit Hilfe von Formmaschinen eingeformt wird.

6. 111 Die Herdformerei

Man unterscheidet die offene und die verdeckte Herdformerei.

Die offene Herdformerei („Herdguß“) ist die primitivste aller Formmethoden und wird nur für sehr einfache Gußstücke (z. B. Abdeckplatten, eiserne Fensterrahmen, Kerneisen usw.) verwendet. Es können auf diese Weise nur solche Gußstücke hergestellt werden, die wenigstens eine ebene Fläche haben. Sie kommt nach oben zu liegen und entspricht der freien Gußoberfläche. Natürlich bleibt diese Fläche des Gußstückes verhältnismäßig rauh. Für kleinere und leichtere Gußstücke verwendet man weiche Herde, für größere und schwerere harte Herde. Die Herstellung der weichen Herde („weiche Betten“) geht folgendermaßen vor sich: Man hebt aus dem Gießereiboden eine Grube von etwa 200 mm Tiefe aus und einer Grundfläche, die etwas größer als die Grundfläche des abzugießenden Stückes ist. Auf dem Boden der Grube errichtet man vier Sandhaufen, auf die man in Längsrichtung der Grube und parallel zueinander zwei Richtscheite setzt, die etwas über die Grube überstehen. Mit Hilfe eines dritten Richtscheites und einer Wasserwaage werden die beiden Richtscheite für sich und untereinander durch Klopfen oder Nachstopfen von Sand in waagerechte Lagen gebracht und mit Sand umgeben, um sie in ihrer Lage festzuhalten. Dann wird die Grube mit Sand gefüllt, der durch eine über die Richtscheite gleitende Latte glatt gestrichen wird. Nun legt man auf die Richtscheite je eine Leiste von etwa 10 mm Dicke lose auf, siebt guten Formsand zwischen die Richtscheite, streicht mit einer Latte glatt, entfernt die Leisten von den Richtscheiten, klopft mit einer Latte den überstehenden Formsand fest und streicht wieder glatt. Damit ist der weiche Herd fertig. Er ist gut luftdurchlässig, da er nur sehr wenig festgestampft ist und bietet den sich beim Gießen entwickelnden Gasen die Möglichkeit, auch nach unten und dann seitwärts zu entweichen. Er ist aber nicht sehr tragfähig und erlaubt nur das Abgießen leichterer Gußstücke. Zur Herstellung von harten Herden („harten Betten“) hebt man eine Grube von etwa 400 bis 500 mm Tiefe aus; in sie wird 50—100 mm hoch Kleinkoks oder harte poröse Asche gefüllt, darüber lagenweise bis etwa 100 mm vom oberen Rande Sand eingebracht, der fest gestampft wird. Auf diese Unterlage werden die beiden Richtscheite aufgebaut und im übrigen so verfahren, wie oben bei den weichen Betten beschrieben wurde.

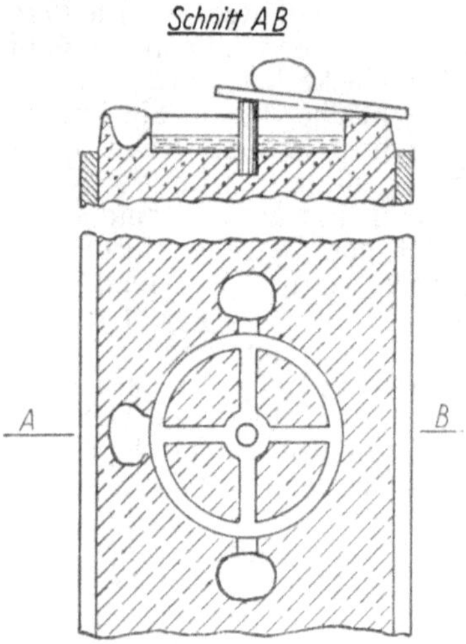

Abb. 25. Herdform.

Das eigentliche Formen kann man mit Modell oder mit Schablone besorgen. Das Modell wird mit der profilierten Seite auf den Sand gelegt, von Hand eingedrückt und mit der Wasserwaage, die man auf die ebene Oberseite des Modells legt, durch leichte Schläge mit einem Hammer in die Horizontale gebracht, bis die ebene Fläche des Modells mit der Oberfläche des Herdes in gleicher Höhe liegt. Die Kanten werden mit dem Poliereisen glatt poliert, durch einen Pinsel mit Wasser angefeuchtet, das Modell losgeklopft und vorsichtig ausgehoben. Dann werden beim Ausheben des Modells etwa ausgebröckelte Kanten beigeflickt, ein Einguß und ein Überlauf angeschnitten, womit die Form zum Abgießen fertig ist.

Auch plattenförmige Körper mit Durchbrüchen sind im Herd herstellbar. Man benötigt dazu ein Kernstück, das mit „Kernmarke“ im Herde fixiert und durch Gewicht am Auftrieb gehindert wird (Abb. 25). Über Schablonenformerei im Herd siehe Abschnitt 6. 113.

6. 112 Die Kastenformerei

Die Kastenformerei ist das in der Gießerei am meisten gebrauchte Formverfahren. Man benötigt dazu Formkästen, Modelle und Kernkästen (Kernbüchsen). Die meistgebrauchten Formkästen sind heute genormt (s. DIN 1524). Sie sind meist aus Gußeisen, häufig auch aus Stahlblech hergestellt. Abb. 26 zeigt ein Formkastenpaar. Da man meist zwei, manchmal aber auch mehr Formkästen benötigt, müssen sie mit **Führungen** (Führungsstifte und -Bohrungen) versehen sein, die ein stets genaues Übereinandersetzen der Formkästen erlauben. Die Stifte sind entweder lose, dann hat jeder Formkasten nur zwei Lappen mit Führungsbohrungen, die mit Stahlbüchsen ausgebüchst sind, um sie bei Verschleiß zur Wiederherstellung einer genauen Führung ersetzen zu können, oder sie haben feste Führungsstifte, dann ist der eine Formkasten mit Führungsstiften, der andere mit den entsprechenden Bohrungen in den Lappen versehen. Am oberen und unteren Rande hat der Formkasten dünne Leisten („Sandleisten“), die ein Herausfallen

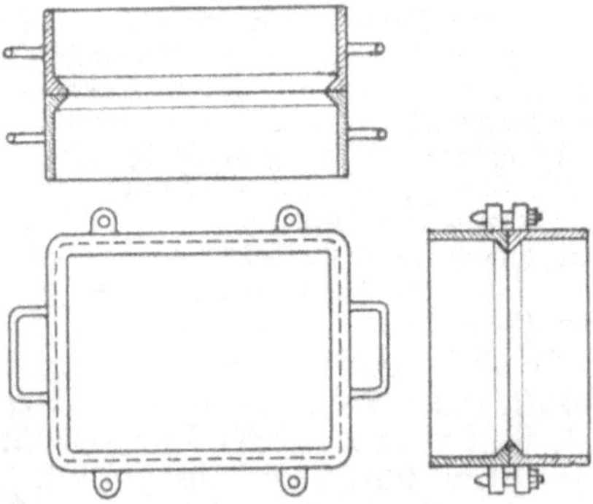

Abb. 26. Zweiteiliger Formkasten.

des Sandes beim Abheben des Kastens vom Modell verhindern sollen. Stählerne Formkästen haben statt dessen manchmal eine leicht bauchige Form, die denselben Dienst leistet. Manchmal haben Formkästen, vor allem, wenn sie sehr groß sind und bedeutende Sandmassen aufnehmen müssen, zum Festhalten dieses Sandes neben den Sandleisten noch senkrechte Zwischenwände („Schoren"), die gleichfalls lose oder fest sein können.

Die dem Modell nahen Enden der Schoren können der Form des Modells entsprechend ausgeschnitten sein. Die Enden der Formkastenwände sind gut planzuhobeln, damit die Formkästen exakt aufeinander stehen können. Für Sonderzwecke hat man, vor allem in Gießereien mit beschränktem Gießprogramm Spezialformkästen, z. B. für kreisförmige Gußstücke (Zahnräder usw.) entwickelt, die der Form des Gußstückes möglichst angepaßt sind, um mit einem Minimum an Formsand auszukommen, wodurch den Formern das Heben unnötig schwerer Gewichte erspart wird.

Sodann benötigt man ein Modell, meist aus Holz, häufig aber auch aus Metall, (Messing oder Aluminium), Steinmasse oder Gips. Die Modelle müssen um das Schwindmaß (s. Abschnitt 5. 2) größer sein als der Abguß. Bei Metallmodellen, die vornehmlich für die Massenerzeugung gleichartiger Gußstücke in Frage kommen, muß zuerst ein Holzmodell und davon das Metallmodell hergestellt werden. Man muß also bei der Herstellung des hölzernen Modells sowohl das Schwindmaß des Metalls, aus dem das Metallmodell besteht, als auch das Schwindmaß des Metalls, aus dem das Gußstück gemacht wird, berücksichtigen (doppeltes Schwindmaß). Nur wenn das Modell eine geeignete Fläche hat, mit der man es auf den Stampfboden (siehe unten) auflegen kann, kann man es aus einem Stück herstellen; im allgemeinen muß man es teilen. Das Aufsuchen einer geeigneten Teilfläche ist eine wichtige Aufgabe des Modellschreiners. Dabei wird angestrebt, möglichst eine ebene Teilfläche zu finden. Jedoch ist grundsätzlich auch jede gekrümmte Teilfläche möglich; dann muß nur statt eines Stampfbodens ein „falsches Teil" (siehe unten) als erste Auflage für das Modell gewählt werden. Grundsätzlich muß die Teilfläche so liegen, daß sich das Modell oder, bei geteiltem Modell, das Modellteil herausheben läßt, ohne daß durch „Unterschneidungen" die Form verletzt wird. Kann man eine solche Fläche nicht fin-

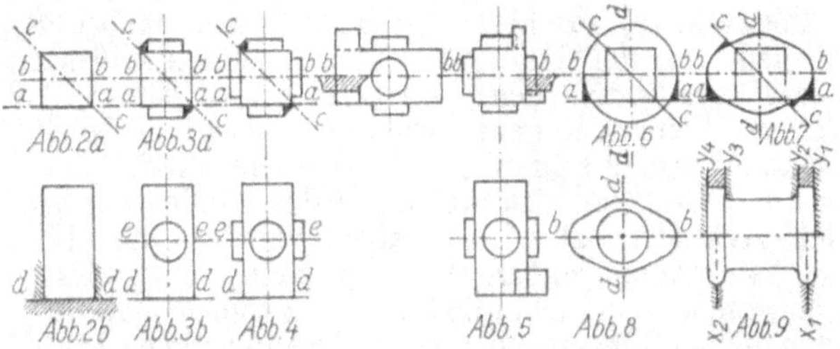

Abb. 27. Wahl der Formtrennfläche (ftf) nach Sipp).

den, müssen die Teile, die das Herausziehen der Form behindern, als „lose Teile" ausgebildet werden, die beim Herausziehen des Modells aus der Form zunächst in der Form steckenbleiben und später nach Ausheben des Modells durch seitliches Herausziehen in den nun freigewordenen Raum entfernt werden. Lose Teile werden ungern verwendet, da sie leicht verlorengehen. Wenn man sie aber verwendet, dann muß man sie am Modell so befestigen, daß sie beim Einstampfen des Modells in den Sand hinreichend festsitzen und sich nicht „verstampfen", beim Herausziehen des Modells aber leicht genug loslassen und im Formsande steckenbleiben. Die einzelnen Formteile werden durch Dübel aneinander gehalten. Einige grundsätzliche Fälle über die Möglichkeit des Teilens von Modellen zeigt Abb. 27 nach K. Sipp [1]). Endlich müssen am Modell,

[1]) „Die Gießerei", 21 (1934), S. 191/195.

wenn der Abguß Hohlräume enthalten soll, „Kernmarken“ angebracht sein, d. h. zapfenförmige Ansätze, die beim Abformen in der Form die „Kernlager“ bilden, in die der Kern (s. Abb. 28) eingelegt und festgehalten wird.

Das eigentliche Formen geht nun folgendermaßen vor sich, wobei ein durch ebene Teilfläche einfach geteiltes Modell und die Verwendung von zwei Formkästen angenommen sei (Abb. 28): auf einen Stampfboden („Leerboden“) aus Holz legt man die eine Hälfte des Modells mit der Teilfläche auf den Boden und setzt einen Formkasten, den „Unterkasten“, so darum, daß an einer Seite noch genug Raum für den Einguß bleibt. Dann überstäubt man das Modell mit Modellpuder, einem Puder, der das Anbacken des Sandes am Modell verhindert. Das beste, aber auch teuerste Mittel ist Lykopodiumpulver (Bärlappsamen), statt dessen nimmt man meist den billigeren Holzkohlenstaub, feingemahlenen Quarzsand oder andere künstliche Puder. Nun siebt man vorsichtig mit einem Sieb Modellsand (s. 3. 31) ein und drückt ihn mit der Hand in einer etwa 1 cm dicken Schicht an das Modell an. Hierauf füllt man mit einer Schaufel etwas Füllsand (s. 3. 31) nach, so daß das Modell hinreichend bedeckt und der Kasten zu etwa $^1/_3$ bis $^1/_2$ gefüllt ist. Mit einem Spitzstampfer aus Holz oder Metall stampft man den Sand fest, und zwar zunächst an den Wänden des Formkastens besonders kräftig, damit er gut festhält und beim Wenden des Kastens nicht herausfällt, dann über dem Modell mit geringeren Druck, damit er genug gasdurchlässig bleibt. Dann schaufelt man weiteren Füllsand nach und verfährt wie oben. Endlich füllt man den Kasten ganz, so daß sich der Sand in der Mitte häuft, stampft ihn mit Spitzstampfer am Kastenrande und mit Breitstampfer in der Mitte fest, streicht mit einem scharfen Eisen, das über die Formkastenränder gleitet, die Oberfläche glatt, streut mit Hand oder Sieb eine dünne Schicht Sand auf, die man mit der Hand andrückt, legt ein zweites Brett auf den Formkasten, verklammert Stampfboden und oberes Brett miteinander und wendet. Dann löst man die Verklammerung, hebt den Stampfboden ab, legt die zweite Modellhälfte genau auf die erste, drückt das Trichtermodell so in den Sand, daß es von selbst stehenbleibt, setzt einen zweiten Formkasten (den „Oberkasten") mit Hilfe der Führungen auf den Unterkasten, stäubt das Modell ein, streut ganz trockenen Sand zur Isolierung auf die Sandfläche und stampft den Oberkasten genau so auf, wie den Unterkasten. Dann zieht man das Eingußmodell heraus, hebt den Oberkasten ab, wendet und legt ihn auf einem Brett ab. Nun schlägt man vorsichtig ein angespitztes Eisen einige mm tief in die Mitte der Modellhälfte des Oberkastens, klopft mit einem Holzhammer das Modell etwas los und zieht es aus der Form heraus, genau so verfährt man mit dem Unterkasten. Hat sich beim Herausziehen des Modelles etwas Sand gelöst, so muß die Stelle vorsichtig beigeflickt werden, wozu die verschiedenen Formerwerkzeuge dienen. Im Unterkasten ist ein Verbindungskanal zwischen Trichter und Gußstück von Hand mit der Truffel einzuschneiden („Anschnitt"). Der oder die Kerne werden eingelegt, der Oberkasten, geführt durch die Führungsstifte, aufgesetzt und die Form beschwert. Es ist darauf zu achten, daß die Beschwergewichte schwer genug gewählt werden. Der Auftrieb kann größer sein als das Gewicht des Gußstückes. Statt des Beschwerens kann man die Kästen auch verklammern. Damit ist die Form gießfertig. Abb. 28 zeigt das Einformen einer Rolle mit geteiltem Modell unter Verwendung je eines Kerns zur Bildung der Rille und der Nabenbohrung nach obiger Beschreibung.

Diese Einformungstechnik ist weitgehend abwandlungsfähig, z. B. durch Verwendung falscher Hälften bei ungeteilten Modellen usw. Es sei hierfür auf das Schrifttum, vor allem auf Geiger a. a. O., Bd. 2, verwiesen.

Die Kerne werden meist in Kernbüchsen hergestellt, die aus Holz oder, bei Massenfertigung, aus Metall gefertigt sind. Sie müssen sich so öffnen lassen, daß der Kern ohne Beschädigung herausgenommen werden kann. Deshalb müssen auch Kernbüchsen geteilt werden können. Frisch hergestellte Kerne sind sehr zerbrechlich und werden erst durch das Trocknen in Trockenöfen fest. Deshalb müssen verwickeltere Kerne in Trockenschalen überführt werden, die das Profil der einen Kernhälfte haben und auf denen sie in den Trockenofen kommen. Um die Porosität und damit die Gasdurchlässigkeit größerer Kerne zu erhöhen, legt man eine Wachsschnur ein, die beim Trocknen (etwa 200—250° C) schmilzt und einen Hohlraum schafft, durch den die Gase abziehen können. Zur Versteifung legt man Kerneisen ein, die vor allem Biegungsbeanspruchungen aufnehmen sollen. Man kann Kerne auch auf der Kerndrehbank oder durch Schablonieren herstellen.

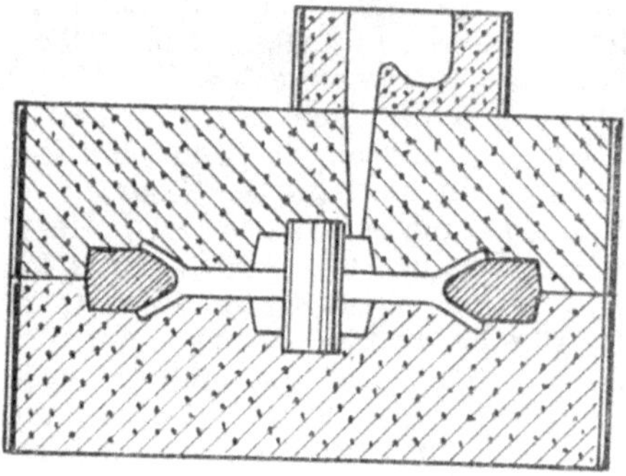

Abb. 28. Kastenformerei.

6. 113 Die Schablonenformerei

Im Gegensatz zur Kastenformerei arbeitet die Schablonenformerei ohne Modell. Sie wird in der Lehmformerei fast ausschließlich und in der Sandformerei, vor allem bei größeren Stücken, häufiger ausgeführt.

Man spart bei ihr die Anfertigung eines teuren Modells und verwendet sie vor allem dann, wenn es sich nur um die Anfertigung einiger weniger Stücke handelt, weil dann der an sich höhere Formerlohn dieses Formverfahrens durch das Einsparen des Modells wettgemacht wird.

Sie sei zunächst an einem Beispiel aus der Lehmformerei erläutert.

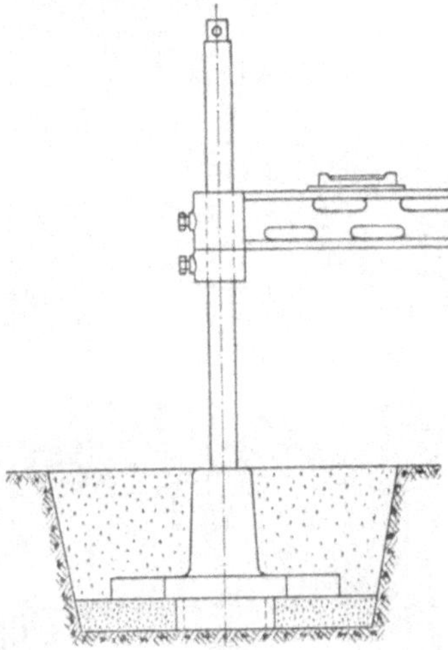

Abb. 29. Schabloniervorrichtung.

Man kann das Schablonieren durch Drehen oder durch Ziehen ausführen.

Zum Drehen benötigt man eine Drehvorrichtung (Schablonierapparat; Abb. 29) mit Spindelstock, Spindelbüchse, Lehrenträger (Schablone) und Stellring. Durch den Stellring wird der Schablonierarm und die daran befestigte Schablone in gewünschter Höhe gehalten. Der Spindelstock ist meist aus Gußeisen mit einer kräftigen Bodenplatte, die gegebenenfalls durch Schraubenbolzen auf einer großen Grundplatte festgeschraubt werden kann. Mit dieser Vorrichtung lassen sich Gußstücke mit kreisförmigen Querschnitten herstellen. Will man Gußstücke mit anderen, z. B. elliptischen, abgerundeten quadratischen oder sechseckigen Querschnitten formen, dann muß der Schablonenträger im Dreh- oder Führungsarm in einer Führung horizontal verschiebbar sein und außerdem einen Arm mit Gleitrolle besitzen, die ihrerseits wieder in einen Führungskopf geführt ist, welcher in Form einer Rille das verlangte Querschnittsprofil enthält.

Als Beispiel (Abb. 30) [1]) sei das Schablonieren eines

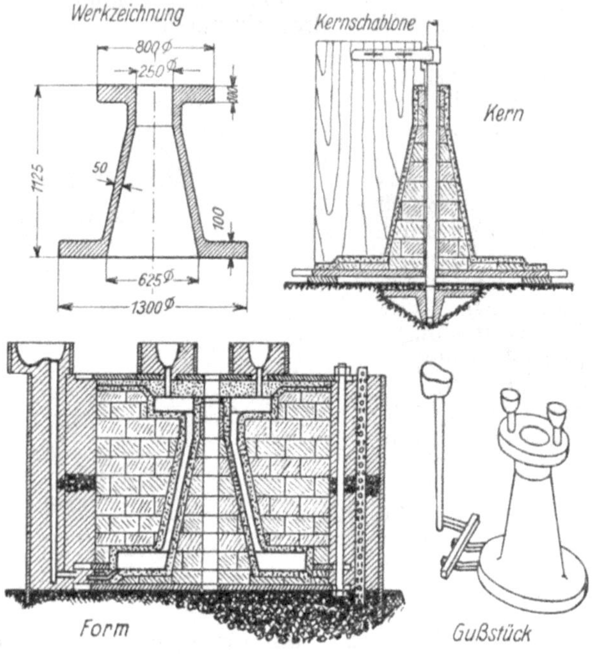

Abb. 30. Lehmformerei. Schablonenform. Einformen eines Rohrstückes. Nach: D. A. T. Sch. Gießereitechnik 14.

Übergangsrohres in Lehm beschrieben. Bei der Lehmformerei unterscheidet man Kern und Mantel. Auf einer mit Wasserwaage in die Horizontale gebrachten, in der Mitte durchlochten Grundplatte baut man die Schablonierspindel auf. Nun mauert man zunächst aus

[1]) Nach Datsch, Gießereitechnik 14.

Lehmziegel um die Spindel herum den Kern auf, dem man seine ungefähre Form gibt und bringt das Schloß an, das später den Mantel führen und in die richtige Lage zum Kern bringen soll. Dann befestigt man an die Spindel den Schablonierarm und die Schablone („die Fahne"), trägt mit der Hand oder mit der Kelle einen dicken Lehmbrei auf den gemauerten Kern auf und schabloniert ihn mit der Schablone in Form. Nach Entfernung der Fahne und des Schablonierarms kommt der Kern zum Trocknen in den Ofen. Nach dem Trocknen wird er, wenn er noch warm ist, leicht geschwärzt und mit Sand „abisoliert". Nun bringt man die Wandstärke (das „Hemd") auf, indem man plastische Lehmplatten andrückt, die so dick sind, wie das Gußstück später werden soll. Auch das Hemd wird mit Sand abisoliert, von neuem ein Lehmbrei aufgetragen und der Mantel aufgemauert, wobei vor allem der gute Anschluß im Schloß anzustreben ist. Der Mantel wird oben mit einer Gußeisenplatte abgeschlossen und durch Zuganker mit der Grundplatte verbunden. Dann kommt die ganze Form wieder in den Trockenofen und wird getrocknet.

Nach dem Trocknen wird der Mantel abgezogen, das Hemd vom Kern abgekratzt, Mantel und Kern geflickt, geglättet und wieder zusammengesetzt. Die Form setzt man in eine Dammgrube, die unten ein poröses Bett hat, um die Kernluft auch nach unten abzuführen, bringt Einguß- und Steigetrichter an und macht die Form gießfertig.

Man kann auch die die Wandstärke darstellende Lehmschicht weglassen und den Mantel sowie den Kern mit einer passenden Schablone herstellen.

Abb. 31 [1]) zeigt als Beispiel das Schablonieren beim Kastenguß in Sand. Zunächst füllt man den Unterkasten mit Sand, stampft auf, schabloniert die Form des Oberteils (verkehrt nach unten!) und isoliert mit

[1]) Nach Datsch, a. a. O., S. 13.

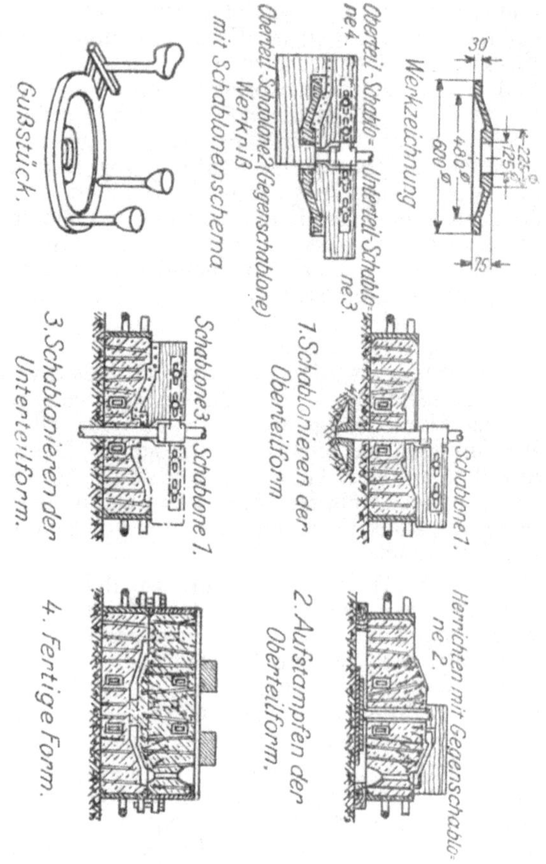

Abb. 31. Kastenguß, Schablonenform, Einformen eines Gehäusedeckels. Nach: D. A. T. Sch. Gießereitechnik 13.

scharfem Sand ab. Darauf setzt man den Oberkasten, stampft ihn in üblicher Weise auf, bringt Einguß und Steiger an, wendet und bringt mit der Gegenschablone das Profil in Ordnung. Hierauf schabloniert man

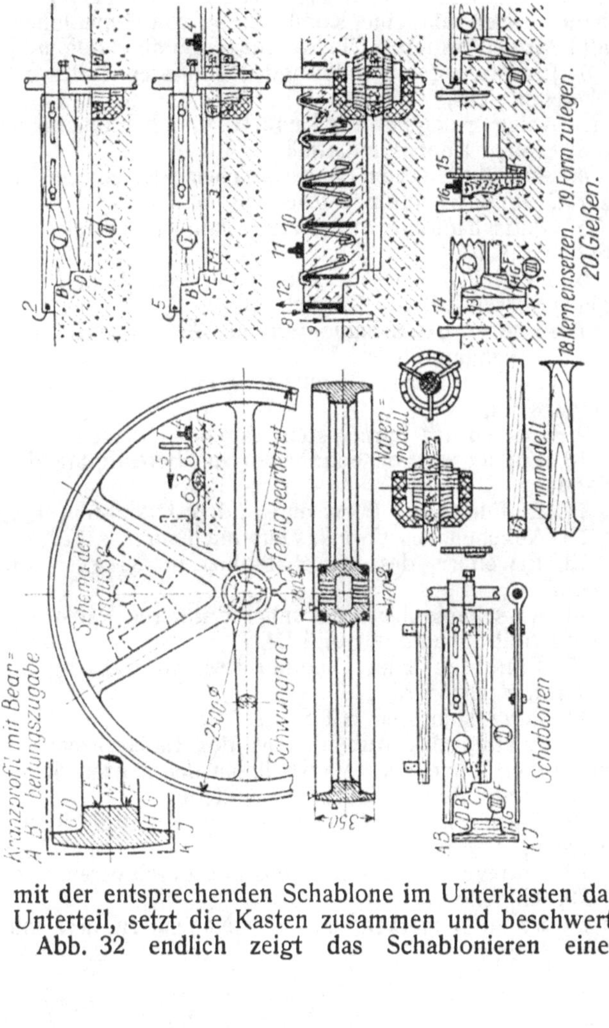

Abb. 32. Einformen eines großen Schwungrades. (Nach: T. W. L.)

mit der entsprechenden Schablone im Unterkasten das Unterteil, setzt die Kasten zusammen und beschwert.

Abb. 32 endlich zeigt das Schablonieren eines

Schwungrades im verdeckten Herd (s. 6. 111)[1]. Es handelt sich um eine Kombination von Schablonen- und Modellformerei. Die Arbeitsgänge sind folgende:

1. Einsetzen der Spindel und des unteren Teiles des Nabenmodells,
2. Anlegen der Fahnen I und II, ausschablonieren,
3. Einlegen der Armmodelle,
4. Aufschütten von Sand zwischen den Armen bis zur Dicke der Arme und feststampfen,
5. Glattschablonieren der aufgestampften Fläche mit Schablone I,
6. Herstellen eines „Standes" an den Armen und glattpolieren mit der Truffel,
7. Abheben der Schablonierfahne und Einsetzen des oberen Nabenmodells,
8. Aufsetzen eines Formkastens mit Schoren durch einen Kran,
9. Fixieren des Formkastens durch 4 Holzkeile,
10. Einhängen von Sandhaken zur Befestigung des Sandes,
11. Einfüllen von Formsand und feststampfen,
12. Abheben des Formkastens mit Kran,
13. Erweitern des ausschablonierten Kreises von Hand,
14. Ausschablonieren des inneren unteren Radkranzprofils mit Schablone I und III,
15. Einführen eines Dammbrettes mit Führung im unteren Kranzprofil,
16. Hinterstampfen mit Sand,
17. Glätten des Außenprofils des Radkranzes mit Schablone I und III, herausnehmen der ganzen Schabloniereinrichtung und der Modellteile,
18. Einsetzen des Nabenkerns mit den drei Trennblechen,
19. Auflegen des Formkastens und beschweren,
20. Abgießen.

Es ist zu bemerken, daß der Nabenkern drei mit

[1] Nach TWL.

Graphitbrei überzogene Bleche enthält, die bezwecken sollen, daß die Nabe dreimal unterteilt wird. Man macht das Gußstück dadurch nachgiebiger und die Gußspannungen (s. Abschnitt 5. 4) werden dann kleiner. Die Eingüsse gehen in die Arme, man schneidet sie von Hand an.

6. 114 Die Formerei im Kern

Für manche Gußstücke baut man die Form ganz aus Kernen auf. Das ist z. B. der Fall bei besonders verwickelten Motorenblocks; nur zur Aufnahme der Anzahl von Kernen (nicht selten mehr als fünfzig) in die Kästen benötigt man eine mit Modell hergestellte Sandform. Auch das Herstellen großer Werkzeugmaschinenbetten erfolgt fast immer im Kern, meist als verdeckter Herdguß. Abb. 33 gibt ein Beispiel.

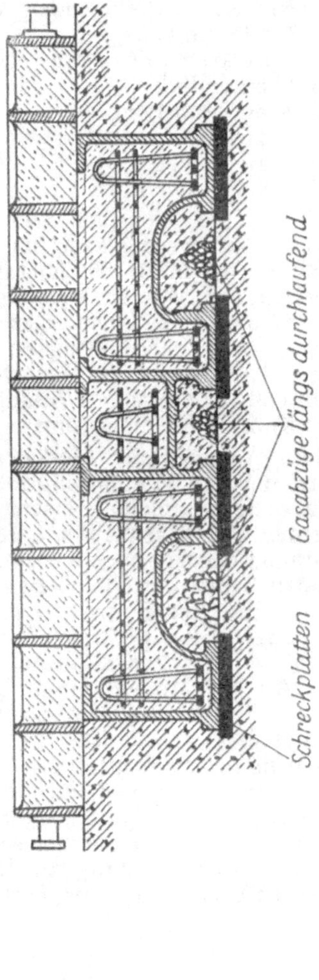

Abb. 33. Kernformerei (Einformen eines Maschinenbettes).

6. 115 Die Maschinenformerei

Der Formvorgang beim Formen von Hand besteht im Grundsatz aus folgenden Arbeitsgängen:

1. Modellauflegen,
2. Formkasten aufsetzen,
3. Sand einfüllen,
4. Sand verdichten,
5. Formkasten abheben,
6. Kern einlegen,
7. Zulegen der Form.

Es leuchtet ein, daß Arbeitsgang 1 und 5 leicht mechanisiert werden kann und die ersten Formmaschinen aus dem Jahre 1855 übernehmen dann auch durch Verwendung von Formplatten (schon seit 1827 bekannt) und vorsichtiges, maschinelles Abheben diese Funktionen. Später gelang es, auch noch den Arbeitsgang 3 und 4 in die Mechanisierung einzubeziehen, während Arbeitsgang 2, 6 und 7 stets von Hand oder mit Kran zu erledigen sind.

Das Auflegen der Modelle auf den Stampfboden wird bei der Maschinenformerei durch die Modellplatte („Formplatte“) ersetzt. Auf einer Grundplatte werden die Modellhälften befestigt, und zwar je nach Formmaschinentyp entweder nur auf einer oder auf beiden Seiten der Platte. Bei einer einseitig mit Modellen besetzten Formplatte muß man im allgemeinen für Ober- und Unterkasten je eine Modellplatte haben, im ganzen also 2, eine Ausnahme liegt dann vor, wenn die Art des Modells ein Anbringen von Ober- und Unterteil auf derselben Seite der Modellplatte gestattet. Man formt dann Ober- und Unterkasten mit derselben einseitig besetzten Formplatte ab und dreht beim Zusammenlegen einen der Kästen um 180° („Reversier-“ oder „Umschlagplatten“ nach Bonvillain, Ronceray und Zimmermann). Bei beiderseitig besetzten Platten (Doppelplatten) benötigt man gleichfalls nur eine Formplatte, wobei die Modelle des

Unterkastens auf der einen, die des Oberkastens auf der anderen Seite untergebracht sind.

Nach der Art der Herstellung unterscheidet man zwischen gegossenen und zusammengesetzten (montierten) Formplatten. Bei den gegossenen Formplatten bestehen Platte und Modellteile aus einem Stück. Man benutzt zum Guß Zinn-, Zinklegierungen, Aluminium, Aluminium-Zinklegierungen, manchmal auch Bronze, Gußeisen, sodann häufig Gips und Steinmassen. Gegossene Formplatten können ohne großen Kostenaufwand nie eine so gute und glatte Oberfläche haben wie zusammengesetzte Formplatten. Letztere stellt man so her, daß man auf einer gehobelten Metallplatte die tadellos bearbeiteten Modellteile durch Bolzen befestigt. Bei Doppelplatten erfordert diese Arbeit hohe Genauigkeit und große Sorgfalt seitens des Modellschlossers.

Endlich unterscheidet man in Gießereien für Massenproduktion (z. B. Landmaschinengießereien) nach reinen und gemischten Seiten. Reine Seiten sind solche Formplatten, auf denen ein und dasselbe Modell in mehreren Exemplaren angebracht ist. Auf den gemischten Seiten befinden sich mehrere, verschiedenartige Modelle. Die reinen Seiten dienen für die laufende Produktion, die gemischten Seiten für die Ersatzteillieferung. Im allgemeinen bevorzugt man die reinen Seiten, da man damit Gußstücke gleicher Wandstärke und gleichen Schwierigkeitsgrades auf der Platte hat, wodurch einheitliche Gießbedingungen geschaffen werden. Ein Ersatz für die gemischten Seiten sind die Sammel- oder Klischee-Formplatten, die im Grunde aus drei oder vier in einem Rahmen gehaltenen Einzelformplatten bestehen, wobei die Teilplatten nach Bedarf auswechselbar sind.

Neben der leichten Trennung von Modell und Form bieten die Formplatten zwei weitere Vorteile: man kann auf ihnen gleich von vornherein Anschnitte und Steiger als Modellteile anbringen, so daß sie nicht mehr von Hand angebracht zu werden brauchen, und man braucht bei nicht horizontaler Teilung des Modells keine falschen Teile zum Einformen, da die Modellplatte die profilierte Teilfläche schon enthält. Man benötigt also keine gelernten, sondern angelernte Former. In den weitaus meisten Fällen wird die Formplatte in Verbindung mit der Formmaschine gebraucht.

Man kann die Formmaschinen nach der Art der Abhebung und nach der Art der Sandverdichtung einteilen. Was die Art der Abhebung angeht, so unterscheidet man:

1. Die Stiftabhebemaschine. Sie ist die meistgebräuchliche und verwendet einseitig belegte Platten. Zur Herstellung einer Form arbeiten meist zwei Maschinen zusammen, eine für den Ober-, die andere für den Unterkasten. Es ist erforderlich, daß die beiden Former an den zwei Maschinen im gleichen Rhythmus arbeiten. Man erreicht das dadurch, daß man den Former, der das einfachere Teil der Form einzuformen hat und deshalb eher fertig ist, die Kerne einlegen läßt. Der Arbeitsgang ist folgender: Man setzt den Kasten mit Führungen auf die Modellplatte, stäubt ein, siebt Modellsand auf, drückt von Hand an, schaufelt Füllsand nach, verdichtet mit Stampfer, streicht ab, klopft mit Holzhammer durch seitliche Schläge gegen die Modellplatte das Modell los. Die Abhebung des Kastens von der Form erfolgt so (Abb. 34), daß entweder der Kasten durch vier Stifte mit Hebelkraft hochgehoben oder die Modellplatte nach unten gesenkt wird.

2. Die Wendeplattenformmaschine. Sie wird vor allem dann angewendet, wenn es sich um Formen mit schweren hängenden Ballen handelt, die beim Abheben leicht abbrechen würden. Man benutzt Doppelplatten. Zunächst (Abb. 35) wird der Unterkasten aufgesetzt und in bekannter Weise aufgestampft. Dann hebt man Kasten und Platte, die man verklammert hat, mit Hebel hoch, wendet, so daß die Formplatte nun nach oben zu liegen kommt und senkt auf einen fahrbaren Tisch ab. Dann löst man die Verklammerung

und hebt entweder die Platte hoch oder senkt den Formkasten weiter ab, der ausgefahren und abgesetzt

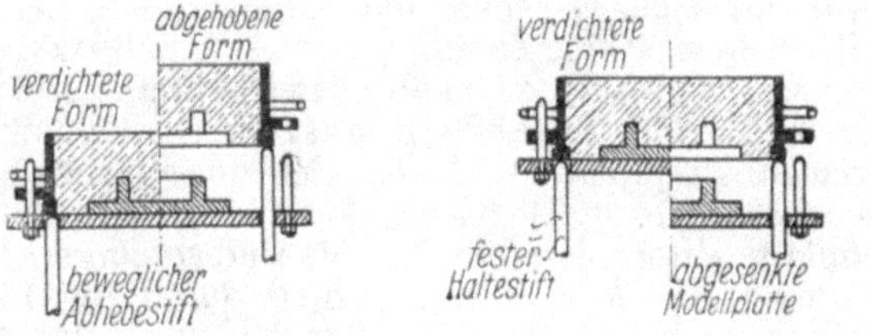

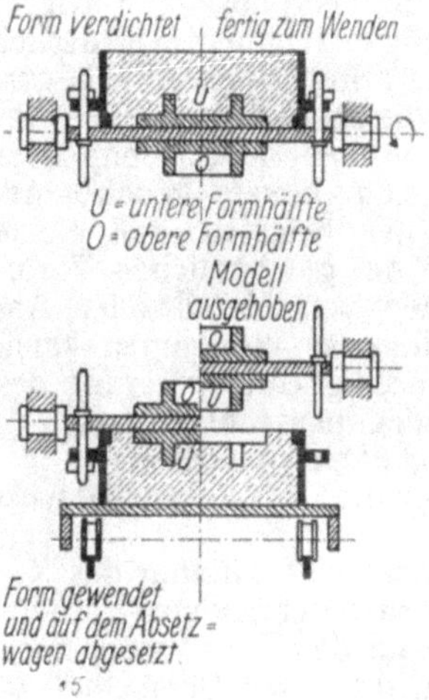

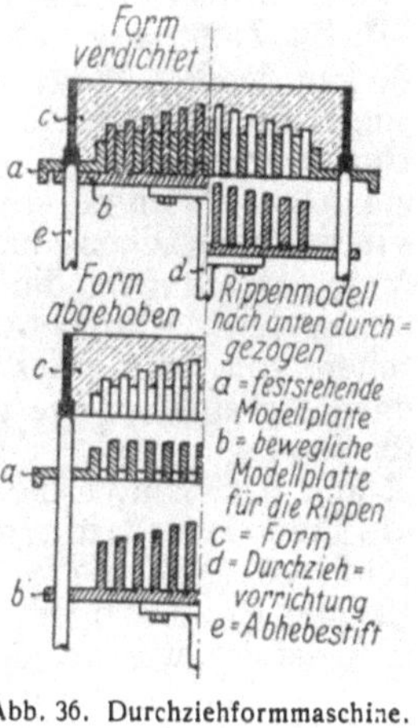

Abb. 36. Durchziehformmaschine.

Abb. 35. Wendeplattenformmaschine.

Formmaschinen: Trennung von Modell und Form.
Nach: „Deutsche Stahlerzeugung“ 1938 G. V. 333.

werden kann. Die Platte befindet sich nach Absenken (wenn sie zur Formtrennung angehoben wurde) mit der Seite für den Oberkasten in der richtigen Lage, so daß nun der Oberkasten in derselben Weise abgeformt, gewendet, vom Modell getrennt und abgesetzt werden kann. Man braucht also zur Herstellung einer Form nur eine Maschine und ist nicht wie bei der Stiftabhebemaschine darauf angewiesen, daß zwei Former an zwei Maschinen im gleichen Rhythmus arbeiten.

3. Die Durchziehformmaschine. Gußstücke, deren zur Formplatte senkrecht stehende Flächen keine Konizität („Anzug“) haben, kann man mit Durchziehplatte abformen (Abb. 36). Sie sind so eingerichtet, daß man das Modell nach unten durch die Platte durchziehen kann. Die steilen Sandballen werden dann von der Formplatte getragen und brechen nicht ab. Man kann das Modell auch drehend absenken, wie es z. B. für Zahnräder mit Schrägverzahnung erforderlich ist. Ein zweiter Weg, solche schwierigen Abhebevorgänge zu ermöglichen, ist die Verwendung von Abstreifkämmen, die ähnlich wirken. Durchziehplatten und Abstreifkämme, die an sich ein sehr genaues Arbeiten ermöglichen, haben den Nachteil, daß kleine Modelländerungen, die man bei gewöhnlichen Formplatten leicht durch Auflöten von Metall oder Ankleben von Gips oder Steinmasse vornehmen kann, schwierig sind, da sie gleichzeitig eine Änderung des Abstreifkamms oder der Modellplatte bedingen.

Nach der Sandverdichtung unterscheidet man:

1. Die Handstampfmaschine. Der Formsand wird von Hand verdichtet.

2. Die Preßhebelmaschine. Die Füllung des Kastens erfolgt wie bei der oben beschriebenen Stiftabhebemaschine. Es wird aber auf den Formkasten noch ein Füllrahmen aufgesetzt, der einen Überschuß an Sand aufzunehmen gestattet. Nun wird ein Preßholm übergeschwenkt, der durch Hebelzug oder durch Druckwasser nach unten gegen den Formkasten gedrückt wird und den Sand verdichtet. Der Füllrahmen muß so dimensioniert werden, daß durch die Sandverdichtung die Druckplatte des Hebels nach Beendigung des Druckvorganges mit der Oberkante des

Formkastens abschneidet. Man kann auch statt dessen den Kasten mit Formplatte durch einen Druckstempel gegen den Preßholm drücken. Dann benötigt man keinen Füllrahmen, da die Formplatte entsprechend

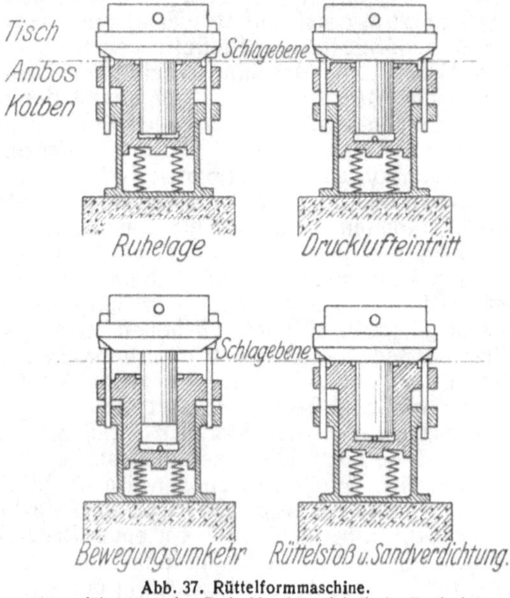

Abb. 37. Rüttelformmaschine.
(Ausgeführt von der Bad. Maschinenfabrik in Durlach.)

tief sitzt. Ist das Modell stark profiliert, kann man die Druckplatte des Holms gleichfalls entsprechend profilieren, um einen gleichmäßigen Druck zu erzielen. Bei diesem Druckverfahren wird der Sand am Modell selbst am wenigsten, an der Oberfläche des Kastens am meisten verdichtet.

3. Die Rüttelformmaschine. Die Sandverdichtung wird bei diesen Maschinen dadurch vorgenom-

men (Abb. 37), daß der gefüllte Formkasten, auf dem tischförmigen Oberteil eines schweren Kolbens sitzend, durch Preßluft angehoben und beim Erreichen des Luftaustrittschlitzes mit dem Kolben wieder zurückfallen gelassen wird. Bei diesem Fall schlägt die Unterkante des Tisches auf die Stoßfläche der Maschine, der Stoß überträgt sich auf den Sand und verdichtet ihn. Man benötigt hierzu Preßluft von 4—6 Atmosphären Druck. Die Maschine arbeitet mit 120—150 Stößen in der Minute. Um die Umgebung durch die in den Erdboden sich fortpflanzenden Stöße nicht zu gefährden, baut man heute Rüttler mit Stoßausgleich, wobei der Amboß auf abgestimmten Federn ruht.

Die Sandverdichtung ist vor allem um das Modell herum am stärksten, nach oben hin nimmt sie ab. Eine Abart der Rüttler sind die Preßrüttler, bei denen der Sand durch Rütteln und anschließendes Pressen verdichtet wird. Sein Hauptvorteil liegt darin, daß man mit ihm auch große Formen mit hohen Modellen einwandfrei herstellen kann, wo Preßformmaschinen und Handstampfung versagen. Man hat schon Rüttler für Gußstücke von 25 t Gewicht gebaut.

4. Die Schleuderformmaschine. („Sandslinger" nach Beardsley-Piper.) Die Grundidee ist die, daß der Sand durch ein Flügelrad portionsweise in die Form geschleudert wird. Sie besteht deshalb im Prinzip aus einer Sandzuführung (z. B. in Form eines Becherwerkes), einem um eine vertikale Achse fast um 360° horizontal schwenkbaren Arm mit Gelenk in der Mitte und mit Schleuderkopf am Ende, der um eine horizontale Achse um kleine Winkel drehbar ist. Man baut die Maschine ortsfest oder ortsbeweglich (z. B. auf Schienen oder durch Anhängen an Kran) und kann sie auch mit Sandmischeinrichtungen ausstatten. Selbstverständlich übernehmen die Slinger nur die Sandverdichtung, Aushebevorrichtungen für die Modelle sind nicht vorhanden. Man läßt sie deshalb mit Abhebe- oder Durchzugformmaschine zusammen arbeiten.

Ihr Vorzug liegt vor allem darin, daß man Modelle beliebiger Größe und Form, hohe und niedrige, breite und schmale, kurze und lange einformen, daß man den Grad der Verdichtung beliebig regeln und vom Modell bis zur Kastenoberkante gleichhalten kann, und daß die Maschine keine Fundamente benötigt. Sie wird in verschiedenen Abmessungen gebaut, so daß man sie in großen und kleinen Gießereien verwenden kann.

Die Kästen für die gewöhnlichen Preß- und Rüttelformmaschinen kann man entweder von Hand, mit Schaufel oder unter Ausnutzung der Schwerkraft aus Bunkern füllen. Die Bunker werden mit über Flur laufendem Förderband mit Sand gefüllt. Der beim Formen abgestreifte Sand und der beim Leeren der Kästen anfallende fällt durch ein Bodensieb auf ein zweites unter Flur laufendes Band, das ihn zur Sandaufbereitung transportiert.

Ergänzt werden die Formmaschinen durch Kernformmaschinen unterschiedlicher Bauart, die im Prinzip wie die Formmaschinen arbeiten. Als Besonderheit sei die Kernblasmaschine erwähnt, bei der ein Luftstrahl den Sand in die Kernbüchse transportiert. Die Kernbüchsen sind dann aus Gründen höherer Verschleißfestigkeit aus Metall mit feinen Löchern an geeigneten Stellen, um die Luft wieder aus der Kernbüchse entweichen zu lassen. Der Kernsand muß etwas „flüssiger" gehalten werden als bei Handverdichtung.

6. 12 Modelle, Kernkästen, Lehren

Die weitaus meisten Modelle sind aus Holz. Selbst bei Verwendung von Metallmodellen benötigt man zunächst ein Holzmodell. Für mittlere und große Modelle verwendet man Kiefernholz, für vielgestaltige und wertvolle Modelle das beste, was es für die Modellherstellung gibt. Als Harthölzer sind noch Birnbaum und Nußbaum in Gebrauch, vor allem für kleinere, dünnwandige Modelle oder für Modellplatten als Ersatz für Metallmodelle.

Die Hölzer müssen gut lufttrocken sein. Damit sie sich beim Gebrauch im nassen Formsand nicht verziehen, baut man die Modelle aus einzelnen Holzklötzen zusammen, die man gegeneinander mit verschieden laufender Faser verleimt, so wie es in der Möbelschreinerei auch üblich ist.

Als Leim benutzt man Haut- oder Knochenleim, der warm verwendet wird oder auch Kaltleime auf Kunststoffbasis. Besonders beanspruchte Leimfugen sichert man durch Holzschrauben.

Die Modelle werden mit Farbe angestrichen. Flächen, die am Gußstück unbearbeitet bleiben, werden am Modell bei Grauguß rot, bei Temper- und Stahlguß blau, bei Nichteisenmetallguß farblos gestrichen. Einzelne zu bearbeitende Flächen sind gelb, allseitig zu bearbeitende Körper in der Farbe des zu gießenden Metalls zu streichen und zusätzlich mit gelben Streifen zu versehen. Sitzstellen loser Modellteile sind grün, Kerne, Kernlager und Schrift auf Modellen schwarz zu halten.

Zum Schutz des Holzes gegen die Feuchtigkeit des Formsandes benutzt man Lack, der dem Modell eine schöne, glatte Oberfläche gibt und das Ausheben des Modells aus dem Formsand erleichtert. Da es sich um Spirituslacke handelt, trocknen sie sehr schnell.

Bearbeitungszugaben, Abrundungen, Konizität („Anzug"), Schwindungszugabe, Lage der Teilfläche usw. sollte die Gießerei der Modelltischlerei angeben. Geteilte Modelle müssen mit Dübeln zusammengehalten werden, wobei Metalldübel den Holzdübeln vorzuziehen sind.

Auch Kernkästen sind meist aus Holz, für sie gilt das gleiche wie für Modelle. Bei geteilten Kernkästen ist vor allem bei solchen für Massenfabrikation darauf zu achten, daß man sie leicht öffnen und schließen kann. Man kann das z. B. durch Überschieben einer Hülse über den leicht konisch gehaltenen Kernkasten erreichen.

Auch Metall und Gips dient zur Herstellung von Modellen (s. Abschnitt 6. 112).

Lehren (Schablonen) fertigt man überwiegend aus Holz, und zwar in der Regel aus Kiefernholz, weil es nur wenig quillt. Der Rand der Lehre, der in dem Sand oder der Masse schneiden muß, wird zugeschärft und manchmal zur Erhöhung der Verschleißfestigkeit mit Blech beschlagen. Häufig verwendete Lehren macht man auch aus Gußeisen oder Stahlblech.

Über Formplatten s. Abschnitt 6. 115.

6. 13 Kerne

Kerne werden als Sand-, Lehm- oder Massekerne hergestellt.

Sandkerne werden ganz überwiegend aus sogenanntem Ölsand gemacht, d. h. reinem Quarzsand, der durch ein Bindemittel gebunden wird (s. 3. 32). Man stellt sie in Kernbüchsen her (s. Abschnitt 6. 12). Große Sandkerne kann man auch schablonieren. Manchmal muß man einen verwickelten Kern aus einzeln hergestellten Stücken zusammensetzen, die man dann mit einem Lehm-, Mehl-, Tonbrei oder Dextrin verklebt. Um die Festigkeit der Kerne zu erhöhen, legt man Drähte, Geflechte und ähnliches ein, zur Erhöhung der Gasdurchlässigkeit Wachsschnüre, wobei beim Trocknen der Kerne das Wachs herausschmilzt und einen Luftkanal zurückläßt.

Daneben fertigt man große Kerne auch aus Lehm, nicht nur bei der Lehm-, sondern auch bei der Sandformerei. Man tut das vor allem dann, wenn man eine besonders gute und glatte Innenfläche beim Gußstück fordern muß, z. B. bei Stahlwerkskokillen. Diese großen Kerne werden auf einer gußeisernen Platte aus Lehmziegeln aufgemauert und dann mit Lehmbrei schabloniert. Zylindrische größere Kerne kann man auf der Kerndrehbank herstellen. Als Gerüst für die Kerne dient ein radial mehrfach durchlöchertes Rohr, das zugleich als Spindel dient, an der die Antriebsvorrichtung (z. B. eine Kurbel) angreift und auf die erst Strohseil schraubenförmig aufgewickelt und dann der Lehm aufgetragen wird. Mit einer Schablone bringt man den Kern in Form. Die Kernmarken führt man häufig nicht zylindrisch, sondern leicht konisch aus, um die Kerne genauer einlegen zu können. Manchmal bringt man an der Kernmarke kleine Markierungen, z. B. Aussparungen oder kleine Warzen an, durch die erreicht werden soll, daß der Former den Kern in richtiger Lage einlegt.

6. 14 Formtechnik

Zur Formtechnik gehört vor allem das richtige Teilen des Modells und die Überlegung, was im Unterkasten und was im Oberkasten geformt werden soll. Über das Teilen des Modells wurde bereits in Abschnitt 6. 112 das Nötige gesagt. Grundsätzlich legt man Flächen, die besonders dicht und später bearbeitet werden sollen, nach unten in den Unterkasten. Allgemeine Regeln lassen sich aber kaum angeben, da die Gußstücke zu unterschiedlich in ihrer Form sein können.

Wichtig ist die Art und Weise, wie man das Metall in die Form bringt. Man kann „fallend" und „steigend" gießen. Beim fallenden Guß führt man das Metall an der höchsten Stelle des Gußstückes durch einen Trichter (Eingußtrichter) in die Form ein, wobei der Querschnitt des Trichters so zu bemessen ist, daß er vom Gießer leicht voll gehalten werden kann. Dem Trichter lagert man gern einen Tümpel vor (Abb. 28), in dem sich erst eine gewisse Menge Eisen sammelt, ehe es durch Überlaufen über den trennenden Wall in den eigentlichen Einguß läuft. Man erzielt damit ein ruhiges und weiches Angießen. Den fallenden Guß wendet man nur dann an, wenn keine Gefahr besteht, daß der niederfließende Gießstrahl durch seine Wucht die Form oder den Kern beschädigen kann.

Beim steigenden Guß setzt man den Trichter seitlich neben die Form und verbindet ihn mit ihr durch einen Anschnitt (Abb. 38). Dabei ist Grundsatz, daß mit Annäherung an das Gußstück die Querschnitte immer kleiner werden, damit im Einlaufsystem der flüssige Metallstrahl stets unter Druck steht und der Eingußtrichter vollgehalten werden kann. Die Anschnitte legt man in den Unterkasten und bildet ihre obere Begrenzung im Oberkasten gern sägenförmig aus, wobei die vertikalen Teile des Sägezahns dem einlaufenden Eisen entgegenstehen müssen. Eventuell mitgelaufene Schlacke kann sich so fangen und wird am Eindringen in die Form gehindert. Geht man mit mehreren Anschnitten in die Form, so verbindet man sie vom Trichter aus durch eine im Oberkasten liegende Leiste, die man etwas über die letzten Anschnitte hinaus verlängert. So erzielt man einen zweiten Schlackenfang und ein sanftes Einlaufen des Metalls in den Anschnitt. Vielerorts baut man in den Eingußtrichter einen Siebtrichter ein. Seine Wirkung besteht weniger darin, daß er mitgerissene Schlacke aussiebt, wie man hin und wieder hört, sondern vielmehr darin, daß er eine laminare Strömung schafft, Wirbelbildung vermeiden hilft und so einen glatteren Metallfluß sichert.

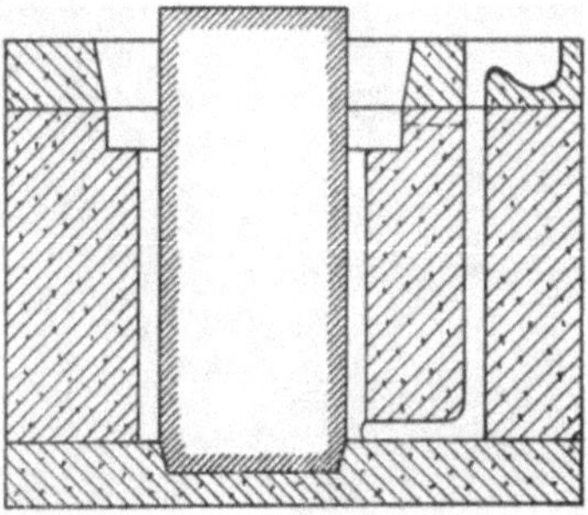
Abb. 38. Steigender Guß.

Wichtig sind endlich die Steiger (in der Stahlgießerei auch „verlorene Köpfe“ oder „Trichter“ genannt), die die Aufgabe haben, den Lunker aufzunehmen (vgl. Abschnitt 5. 3). Sie müssen hinreichend groß und so angeordnet sein, daß sie ihre Funktion, die dicken Stellen des Gußstückes beim Schwinden nach dem Guß mit flüssigem Eisen zu versorgen, einwandfrei erfüllen können. Beim Kleinguß, vor allem beim Arbeiten mit der Formplatte, setzt man statt dessen Druckmasseln. Aus ihnen saugt sich das Gußstück beim Schwinden das fehlende Eisen nach.

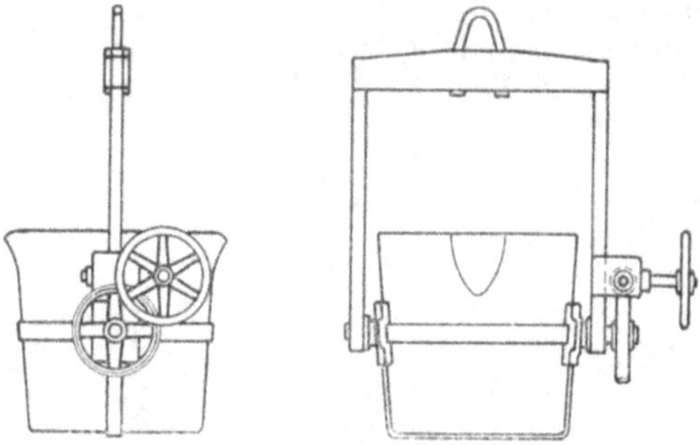

Abb. 39. Gießpfanne mit Schneckengetriebe.

6. 2 Gießen

Nur in seltenen Fällen gießt man die Form unmittelbar vom Ofen aus, indem man den Abstich durch eine Rinne mit der Form verbindet. Es geschieht das z. B. beim Guß großer Walzen und anderer großer Gußstücke aus dem Flammofen oder Martinofen (nicht aus dem Kupolofen). Meist verwendet man zum Abgießen Gießpfannen. Grauguß und Temperguß sowie Stahlkleinguß werden „über Schnauze" gegossen, so daß solche Gießpfannen aus einem stehenden zylindrischen, mit Schamotte ausgemauerten Gefäß mit Gießschnauze und einer Kippvorrichtung, meist Handrad, das auf eine Zahnradübersetzung arbeitet, bestehen (Abb. 39). Für Kleinguß verwendet man vielfach Trommelpfannen, die aus einem liegenden Zylinder mit Gießschnauze nach beiden Seiten und einer Drehvorrichtung aufgebaut sind. Für ganz kleine Gußstücke benützt man Handpfannen, die von einem Mann an einem Stiel oder Scherpfannen, die von zwei Mann in einer Gabel getragen werden, so daß einer der beiden Pfannträger die Pfanne kippen kann (Abb. 40).

Stahlguß wird mit Stopfenpfannen gegossen. Solche Pfannen (Abb. 15) werden beim Gießen nicht gekippt, sondern durch ein Bodenventil entleert, das durch einen Stopfen mit Stopfenstange und Hebelvor-

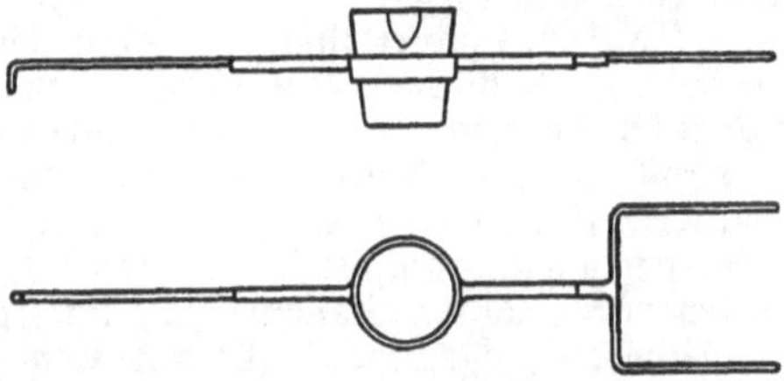

Abb. 40. Gabelpfanne.

richtung geöffnet und geschlossen werden kann. Man verhindert dadurch das Eindringen irgendwelcher Schlacke in die Gußform. Trotzdem ist auch eine solche Pfanne mit einer Kippvorrichtung versehen, um nach Entleerung den Schlackenrest durch Kippen entfernen zu können.

Vor dem Gießen werden die Kipppfannen „abgekrampt", d. h. es wird die oben aufliegende Schlacke entfernt. Dazu steift man sie mit etwas trockenem Sand ab und zieht sie mit einem Haken herunter. Beim Gießen hält man mit einem Krampstock die letzten etwa noch vorhandenen Schlackenteilchen zurück. Als weitere Sicherung gegen Eindringen von Schlacke in die Form ist peinlichst darauf zu achten, daß die Trichter immer voll gehalten werden.

Große Gußstücke müssen mit mehreren Pfannen zugleich gegossen werden. Beim Arbeiten mit dem Kupolofen muß man zu diesem Zweck das Eisen in den verschiedenen Pfannen nach und nach ansammeln. Die gefüllte, zum Guß zurückgestellte Pfanne deckt man mit trockenem Sand oder mit Schlackenmehl ab. Ist sie groß genug (20—50 t und mehr), dann kann man sie stundenlang stehen lassen, ohne daß das Eisen zu kalt wird, da man große Gußstücke ohnehin nicht zu heiß gießen darf (s. Abschnitt 5).

Man gießt, bis das Eisen in den Steigern erscheint, die gut gefüllt sein müssen. Bei großen Gußstücken muß man eventuell nachgießen. Das geschieht durch die Steiger. Man muß sie deshalb so lange wie möglich offen halten. Zu diesem Zwecke deckt man auch sie nach dem Guß mit trockenem Sand, Schlackenmehl oder „Lunkerit" ab, einer Masse, die aluminothermisch Wärme entwickelt und den Steiger offen hält. Man kann die Steiger auch „pumpen", d. h. durch Auf- und Niederstoßen von eisernen Stangen ein Einfrieren des Steigers verhindern; das muß aber mit sehr großer Vorsicht geschehen, da man durch unsachgemäßes Arbeiten den Trichter auch zupumpen kann.

6. 3 Putzen

Unter Putzen versteht man das Befreien des Gußstückes aus der Form und das Entfernen der Köpfe, Eingüsse, Kerne und des anhaftenden Formmaterials.

Bei gußeisernen Stücken werden Köpfe und Eingüsse abgeschlagen, wenn die Gußstücke nicht zu groß sind, so daß man sie absägen muß. Man muß die Eingüsse und vor allem die Köpfe oder Druckmasseln, besonders bei Kleinguß, so mit dem Gußstück verbinden, daß die Übergangsstelle ein wenig eingezogen ist, damit sie beim Abschlagen leicht und glatt abreißt und nicht etwa ins Gußstück einbricht, dadurch dasselbe beschädigend. Bei Kleinguß schleift man die Bruchstelle etwas bei, falls man sie nicht überhaupt völlig unbearbeitet läßt. Bei großen Gußstücken, die bearbeitet werden, fällt sie überhaupt beim Bearbeitungsvorgang fort.

Die Köpfe und Eingüsse des Stahlgusses müssen immer maschinell entfernt werden.

Das eigentliche Putzen kann auf trockenem oder nassem Wege erfolgen.

Beim Trockenputzen unterscheidet man verschiedene Verfahren. Kleine Gußstücke, die man zunächst durch Aneinanderschlagen grob vom Sand befreit hat, wobei auch die Kerne herausrieseln, können in der Rommel geputzt werden, einer zylindrischen, um horizontale Achse drehbaren Trommel, in die man die Gußstücke zusammen mit Putzsternen, zackigen, sternförmigen Körpern aus Hartguß von etwa 20 bis 40 mm Durchmesser, hereingibt und rotieren läßt. Durch das Aneinanderscheuern der Gußstücke und der Putzsterne wird aller außen und innen anhaftende Formsand entfernt. Manchmal fügt man noch kleine Lederabfälle hinzu, die die Gußstücke leicht einfetten und damit eine geraume Zeit vor Rost schützen.

Eine zweite Methode des Putzens ist die durch Sandstrahl. Dazu bringt man die Gußstücke auf einen durchbrochenen Drehtisch (Abb. 41), der durch Blechwände und Ketten- oder Blechstreifenvorhang abgeschirmt ist und vorne nur einen kleinen Sektor zum Einbringen der Gußstücke frei läßt und auf den von oben Quarzsand oder Stahlsand geblasen oder mechanisch aufgeschleudert wird. Man läßt die Gußstücke solange umlaufen, bis sie blank sind.

Größere Gußstücke werden von Hand geputzt, entweder mit Hammer und Meißel, oder mit pneumatisch angetriebenem Preßluftmeißel. Man hat auch Einrichtungen, diese größeren Gußstücke mit Sandstrahl zu putzen. Sie kommen dazu in eine Putzkammer und durch einen armierten Schlauch mit Putzdüse aus verschleißfestem Werkstoff führt der außerhalb der Kammer stehende Putzer einen Sandstrahl gegen das Gußstück, bis es rein ist.

Das modernste Putzen ist das Naßputzen mit Wasserstrahl von 30—100 Atmosphären Druck. Es kommt nur für mittlere und große Gußstücke in Frage. Das Objekt wird auf einem Wagen in die Kammer gefahren, in deren Wand sich allseitig bewegliche Strahldüsen befinden, die der Putzer von außen bedient. Die Anlagekosten sind hoch, die Lohnkosten infolge der höheren Leistung, vor allem bei verwickelteren Gußstücken, dem Herdputzen gegenüber niedrig.

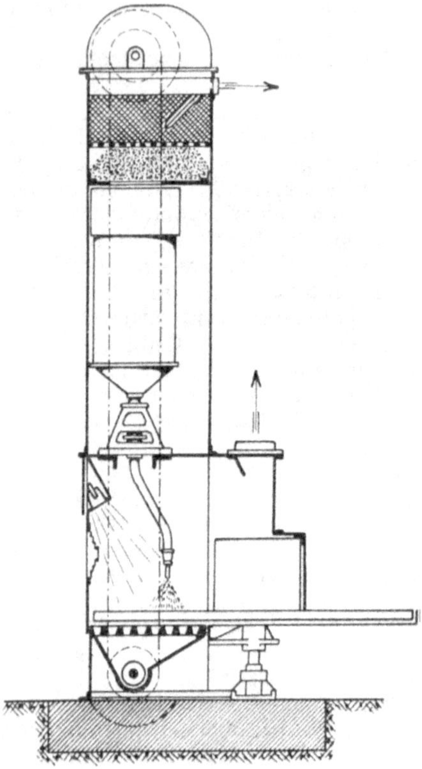

Abb. 41. Blasgehäuse mit kreisender Sandstrahldüse.

In manchen Gießereien ist das Putzen mit Säure, das Beizen, beliebt. Man verwendet dazu Schwefelsäure (1 Teil H_2SO_4 66%ig auf 2 Teile H_2O) oder Flußsäure (auf 15—20% HF verdünnen; da sie stark Schleimhäute und Hände angreift, muß mit Gummihandschuhen im Freien gearbeitet werden). Man beizt bei 20 bis 30° C. Häufig neutralisiert man die aus der Beize kommenden Stücke mit Kalkmilch, ehe man sie mit warmem Wasser abspült. Gebeizte Gußstücke sind bei der Bearbeitung angenehm, da die Säure auch die in die Gußkruste eingedrungenen Sandkörnchen herauslöst, die anderenfalls die Bearbeitungswerkzeuge stark angreifen. Immerhin wird das Beizen wegen der mit ihm verbundenen Übelstände nur in seltenen Fällen durchgeführt.

Manchmal zeigen Gußstücke nach dem Putzen kleine Oberflächenfehler oder auch größere Fehlstellen. Man beseitigt sie durch Flicken. Grundsatz ist, daß solche Flickarbeiten ohne Verständigung des Kunden nur dann ausgeführt werden dürfen, wenn es sich offensichtlich nur um unerhebliche Oberflächenfehler, sogenannte „Schönheitsfehler", handelt. Sind sie ernsterer Natur, ist die Zustimmung des Kunden einzuholen.

Kleine Oberflächenfehler kann man schon mit Spachtel (s. 7. 2) oder Eisenkitt beseitigen. Am gebräuchlichsten ist das Flicken durch Schweißen, wobei sowohl Autogen- wie Lichtbogenschweißung angewendet wird. Bei Stahlguß geht das Schweißen in üblicher Weise vor sich. Auch Aufschweißungen größeren Umfanges sind möglich, dann ist die Schweißstelle durch Formsand einzugrenzen und nach und nach mit Metall aufzufüllen. Bei Gußeisen ist das elektrische Kaltschweißen beträchtlich schwieriger. Wenn man Stahldrähte als Schweißelektroden verwendet, entstehen leicht Haarrisse und Abblätterungen, da Gußeisen nicht plastisch nachgeben kann. Sie erfordert deshalb große Erfahrung. Um die Rißanfälligkeit beim Kaltschweißen von Gußeisen herabzusetzen, verwendet man zäheres Elektrodenmaterial, u. a. Bronze oder Monel. Sicherere Erfolge erzielt man, wenn Gußeisen warm geschweißt werden kann. Das Gußstück wird in der Umgebung der zu schweißenden Stelle auf Rotglut gebracht und mit einem Gußeisenstab als Elektrode geschweißt, wobei es erforderlich sein kann, die Schweißstelle durch Formsand abzugrenzen. Die Abkühlung muß sehr langsam erfolgen, damit die Schweiße weich wird.

7. Wärmebehandlung und Oberflächenschutz

7. 1 Wärmebehandlung

Wenn man bei der Konstruktion von Gußstücken und bei der Gießtechnik auch darauf sieht, die Gußstücke möglichst spannungsfrei zu erhalten, so gelingt das doch nie ganz. Man kann die Restspannungen durch Spannungfreiglühen beheben. Der Gedanke dabei ist der, die Gußstücke nachträglich auf solche Temperaturen zu bringen, bei denen die Festigkeit so niedrig liegt, daß unter dem Einfluß der Spannungen plastische Deformation eintreten, wodurch die Spannungen beseitigt werden. Das Spannungsfreiglühen ist also immer mit einem Verziehen der Gußstücke verbunden. Die Gußstücke müssen von der Glühtemperatur so langsam abkühlen, daß keine nennenswerten Temperaturdifferenzen in den verschieden dicken Teilen auftreten, da sonst wieder neue Spannungen auftreten. Als Glühtemperatur genügt bei Eisenlegierungen der Bereich von 500—600° C.

Graugußstücke werden nur selten spannungsfrei geglüht, da durch die Volumenvergrößerung bei der Graphitisierung schon ein großer Teil der Spannungen abgebaut wird. Dagegen werden Stahlgußstücke dieser Wärmebehandlung unterzogen. Man führt die Glühung in eigens dafür konstruierten Öfen durch.

Bei Stahlguß, der Anspruch auf Qualität erhebt, ist eine andere Wärmebehandlung erforderlich, das Normalisieren. Bei Abkühlung von sehr hohen Temperaturen, z. B. aus dem Schmelzfluß, bildet sich das Widmannstädtensche Gefüge (Abb. 42), das für die Eigenschaften des Gusses sehr ungünstig ist; vor allem ist der Werkstoff spröde. Durch Glühen bei 800 bis 900° C, je nach Kohlenstoffgehalt (800° bei etwa 0,5 % C, 900° bei etwa 0,1 % C) mit nachfolgender Luftabkühlung bildet sich das normale Gefüge (Abb. 43). Notfalls ist ein Spannungsfreiglühen anzuschließen, da sich durch diese Wärmebehandlung Spannungen bilden können. Bei Gußstücken untergeordneter Bedeutung kann man auf ein Glühen entweder ganz ver-

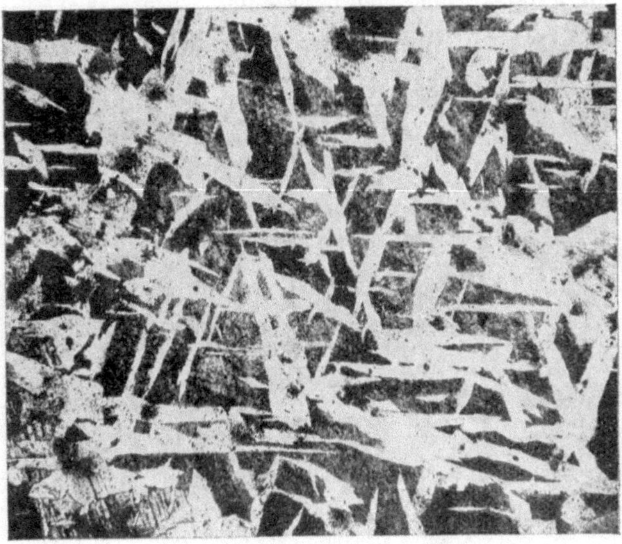

Abb. 42. Widmannstädtensches Gefüge.

zichten oder sich auf ein Spannungsfreiglühen beschränken, bei dem die Gußoberfläche ansehnlicher als beim Normalisieren bleibt.

Unter Weichglühen versteht man ein Überführen des Werkstoffs in den weichsten Zustand. Man glüht bei Temperaturen um 730° C, kühlt aber langsam im Ofen ab.

Endlich kann man Stahlgußstücke, vor allem wenn sie legiert sind, vergüten.

Hierzu bringt man das Material wiederum auf Temperaturen von 800—900° C und kühlt sie in Wasser oder Öl ab („löscht sie ab"). Dann läßt man sie auf 500—600° C an. Hierdurch erreicht man ein gutes Streckgrenzenverhältnis (Verhältnis Streckgrenze zu Zugfestigkeit) und eine hohe Zähigkeit.

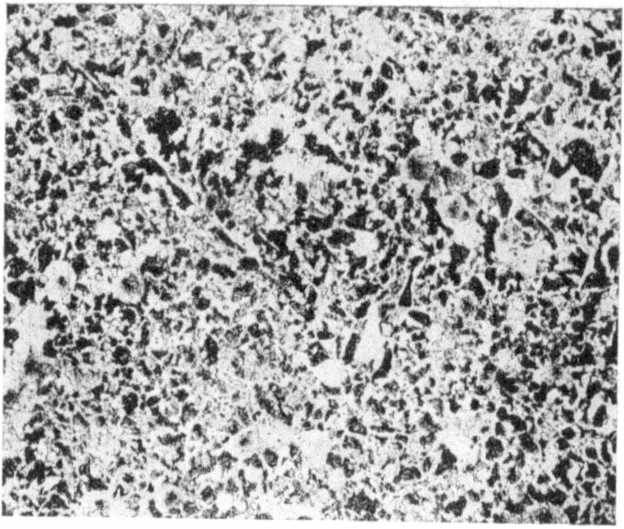

Abb. 43. Wie Abb. 42; jedoch normalisiert.

7. 2 Oberflächenschutz

Wenn auch die Gußhaut, wahrscheinlich durch ihren erhöhten Kieselsäuregehalt, einen gewissen Oberflächenschutz bietet, so genügt er doch in vielen Fällen nicht. Deshalb wendet man eine Reihe Verfahren an, um die Gußstücke vor Oberflächenangriffen aller Art zu schützen.

Gas- und Wasserleitungsrohre, Kanaldeckel und andere im Erdboden verlegte Gußstücke schützt man durch Teeren. Die Teerschicht darf nicht abblättern, und der Teer muß deshalb frei von Wasser und von leicht flüchtigen Bestandteilen, (Benzol, Toluol usw.) sein. Er wird zur Erhöhung der Dünnflüssigkeit vorgewärmt und auf die gleichfalls auf 150—300° C vorgewärmten Gußstücke entweder durch Aufbürsten oder durch Eintauchen aufgetragen. So erzielt man eine dünne, gut in die Form eindringende, rasch trocknende und gut haftende Teerschicht.

Maschinenteile schützt man durch Anstrich mit einem Firnis auf Leinöl- oder Kunststoffbasis, dem ein geeigneter Farbstoff zugesetzt wird. Die Farbschicht muß so dünn wie möglich aufgetragen werden, weil sie dann bei Ausdehnung oder Kontraktion des Maschinenteils am wenigstens zum Abplatzen neigt. Notfalls kann man nacheinander mehrere Farbschichten auftragen und so einen vorzüglichen Rostschutz erzielen.

Eine gute Grundlage für das Anstreichen gibt das Spachteln, das auch gröbere Unebenheiten der Gußoberfläche auszugleichen gestattet, was der Farbanstrich nicht leistet. Der Spachtel besteht aus einem Füllstoff, z. B. Bleiweiß oder Lithopone mit Kreide oder Schiefermehl und wird mit einem Firnis oder Lack zu einer Paste angemacht, die aufgetragen wird, erhärtet und dann geschliffen werden kann. Als Haftgrund für den Spachtel wählt man gern einen Leinölfirnisanstrich. Über den Spachtel kann dann angestrichen werden.

Einen schönen Glanz erzielt man durch Lackieren. Eisenlack besteht aus Alkohol, in dem ein Glanz- und ein Farbstoff gelöst sind. Er wird auf das leicht vorgewärmte Gußstück mit Pinsel aufgetragen. Anschließend kommt das Gußstück zum Trocknen in den Trockenofen, so daß der Alkohol verdunstet und die Harze des Lacks schmelzen und durchsichtig werden. Der Glanz wird dadurch erhöht.

Durch Inoxydieren kann man die Oberfläche von Kochgeschirren, Zimmeröfen, Laternenpfählen, Fenstern usw. schützen. Durch geeignete Erhitzung mit Generatorgas, bei der abwechselnd oxydierende und reduzierende Atmosphäre eingestellt wird, erzielt man die Bildung einer dünnen Schicht von Eisenoxyduloxyd auf der Oberfläche, die einen guten Rostschutz abgibt, besser haftet als Email und selbst gegen reibende Beanspruchung (Scheuern von Kochtöpfen) ziemlich unempfindlich ist. Die Herstellung eines einwandfreien Inoxyds erfordert große Sorgfalt und Erfahrung.

Wenn das Emaillieren auch schon eine sehr alte Kunst ist, so wurde sie doch erst in der Mitte des vorigen Jahrhunderts auf Gegenstände des praktischen Bedarfs, wie Küchengeschirr, chemische Apparaturen, Öfen usw. zum Schutz gegen Korrosionsangriffe angewendet. Das Verfahren besteht darin, daß man die Gußstücke mit einem glasartigen Überzug versieht. Als Grundstoff dient eine Masse aus Soda oder Pottasche, Kalk und Kieselsäure, der nach Bedarf Borax, Flußspat, Feldspat, Kaolin, Gips usw. zugesetzt wird. Dazu kommen Färbemittel, wie Zinnoxyd oder Knochenasche (weiß), Chromoxyd, Eisenoxydul (grün), Kobaltoxydul oder Kobaltsilikat (blau), Antimonoxyd, Eisenoxyd, Uranoxyd (gelb), Eisenoxydul in großen Mengen (schwarz) usw. Man bringt zuerst eine schwer schmelzbare Grundmasse auf, die man langsam (um Risse zu vermeiden) bis zur Austreibung der letzten Spuren von Wasser trocknen läßt und die man dann während 15—20 Minuten bei halber Rotglut im Muffelofen zum Sintern (nicht zum Schmelzen!) bringt („Einbrennen“). Dann wird die Deckmasse möglichst dünn aufgetragen, gleichfalls getrocknet und bei niedrigerer Temperatur als die Grundmasse eingebrannt. Sie schmilzt dabei und gibt die glasartige Oberfläche.

Endlich kann man die Gußstücke noch mit Metallüberzügen versehen. Es handelt sich dabei um das

Verzinnen und Verzinken auf feuerflüssigem Wege durch Eintauchen in flüssige Metallbäder, oder das Verzinken durch Zementation, auch Sherardisieren genannt, wobei die Gußstücke in Zinkstaub gepackt und unter Luftabschluß bei 150—200° mehrere Stunden lang erwärmt werden und wobei sich ein Zinküberzug großer Zähigkeit und Härte bildet. In gleicher Weise lassen sich Überzüge aus Aluminium erzielen, wodurch die Oberfläche zunderbeständig wird. Man kann die Metalle aber auch nach dem Schoop'schen Metallspritzverfahren mit der Metallspritzpistole („Metallisator") aufspritzen. Ein Metalldraht, der durch ein mit Preßluft betätigtes Getriebe vorgeschoben wird, wird durch Knallgas geschmolzen und mit Preßluft durch eine Düse auf die zu metallisierende Fläche geschleudert. Der Überzug ist nicht besonders dicht, aber schnell herzustellen. Schließlich kann man elektrolytisch Metallniederschläge erzielen (Galvanoplastik), indem man die Stücke in geeignete Metallsalzlösungen hängt und durch Anlegung einer elektrischen Spannung bei geeigneten Stromstärken die Metalle aus der Salzlösung auf die zu überziehenden Teile niederschlägt.

Manchmal besteht die Aufgabe, der Oberfläche eine besondere Härte zu geben. Bei Stahl kann man dies durch Einsatzhärtung, auch Zementation genannt (nicht mit der Zementation von Zink, dem Sherardisieren zu verwechseln!), erreichen. Niedrig gekohlter Stahlguß (0,15—0,25% C) wird in Kästen gepackt, die kohlenstoffabgebende Mittel, z. B. eine Mischung von Holzkohle und Bariumkarbonat enthalten und bei 900 bis 1000° C mehrere Stunden geglüht. Dadurch wandert Kohlenstoff in den Stahl, je nach Glühdauer bis zu 5 mm Tiefe und reichert ihn an der Oberfläche bis zu 0,9% C an. Die so behandelten Gegenstände werden anschließend gehärtet, indem man sie von etwa 800° in Wasser oder Öl abkühlt („abschreckt") [1]. Man

[1]) Siehe H. Borchers, a. a. O.

erzielt so eine harte Oberfläche bei zähem Kern. Dies kann man auch durch Nitrieren erreichen. Dabei läßt man bei etwa 500—550° C Stickstoff in das Material eindiffundieren. Da man dabei atomaren Stickstoff benötigt, glüht man im Ammoniakstrom, der bei dieser Temperatur Stickstoff abgibt. Das Verfahren dauert 2—4 Tage und gibt nur Nitriertiefen von höchstens 0,5 mm. Auch ist nicht jeder Stahl zur Nitrierung geeignet, man verwendet dafür Cr-Al-Stahl mit etwa 1% Cr und 0,8—1% Al. Eine nachträgliche Härtung wie bei der Zementation ist nicht mehr erforderlich, da der Werkstoff nach der Nitrierung bereits eine Oberflächenhärte annimmt, welche die einsatzgehärteter Materialien weit übertrifft. Das Nitrierverfahren ist auch auf Gußeisen anwendbar, das dann gleichfalls mit Chrom und Aluminium legiert sein muß. Zylinderlaufbüchsen für schwer belastete Motoren werden manchmal so behandelt.

8. Sondergießerei

8. 1 Hartgußgießerei

Während in der Graugußgießerei Gewicht darauf gelegt wird, Gußstücke geringer und mäßiger Härte zu erzielen, stellt man in der Hartgußgießerei gerade Teile mit besonders harter Oberfläche her, wobei die Härte über den ganzen Querschnitt gleich sein (Vollhartguß) oder sich auf die Oberfläche beschränken kann, während der Kern weich bleibt (Schalenhartguß). Solche Teile sind z. B. Hartgußwalzen für Metalle, Papier, Gummi usw., Brecherwerkzeuge für die Zerkleinerungsindustrie, Düsenstücke für Sandstrahlgebläse usw. Die Härtung beruht auf Ledeburitbildung[1]). Beim Vollhartguß wird die Analyse des zu gießenden Werkstoffes, vor allem der Kohlenstoff-, Silizium- und Mangangehalt so gewählt, daß auch bei Abkühlung in der Sandform das Gußeisen durch und

[1]) Siehe H. Borchers, a. a. O.

durch weiß, d. h. ledeburitisch erstarrt. Beim Schalenhartguß legt man an den Stellen, die hart werden sollen, Kokillen (Schalen) aus Metall, meist Gußeisen, an, die eine so schnelle Erstarrung der Oberfläche des Gußstückes durch raschen Wärmeentzug herbeiführen, daß sie ledeburitisch wird, während das Innere perlitisch bis perlitisch-ferritisch ausfällt und Graphitabscheidungen zeigt. Die Dicke dieser weißen, ledeburitischen Schicht wird durch das Verhältnis C:Si im Gußstück eingestellt.

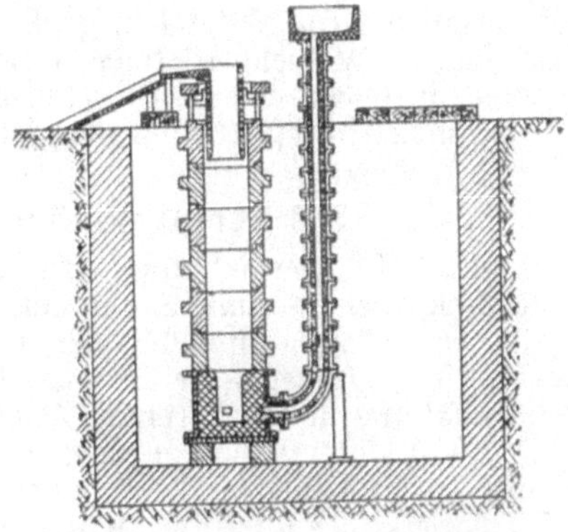

Abb. 44. Hartgußwalzenform. Nach: Osann, „Lehrbuch der Eisen- und Stahlgießerei".

Als typisches Beispiel einer Hartgußformerei sei die Form einer Hartgußwalze gezeigt (Abb. 44). Sie besteht aus dem im Sand geformten Unterteil mit dem einen Zapfen (meist Kuppelungszapfen) der Walze, der Kokille, die den Ballen der Walze bildet, und dem in Sand geformten Kopfteil, das den zweiten Zapfen der Walze enthält und zugleich als verlorener Kopf ausgebildet ist. Das Einfüllen des Eisens erfolgt durch das Trichtergerüst in den unteren Zapfen, der tangential angeschnitten wird, so daß das Eisen beim Aufsteigen in der Form kreist und so eventuell mitgerissene Schlackenteilchen zur Mitte drängt und damit unschädlich macht. Die Kokillen werden vor dem Guß leicht angewärmt und geschwärzt.

Typisch für eine Hartgußgießerei ist also der Kokillenpark. Die Kokillen dürfen an den Stellen, wo sie mit dem flüssigen Eisen in Berührung kommen, nicht rostig sein, da sonst durch Reaktion des Rostsauerstoffs mit dem Kohlenstoff des Eisens Kohlenoxyd entsteht und Blasen auftreten.

Als Schmelzapparate verwendet man den Kupolofen und vor allem in Walzengießereien den Flammofen oder auch den Martinofen, hin und wieder (z. B. für Papierwalzen) den Elektroofen. Daneben benötigt man, wie in allen Großgießereien, große Trockenöfen und, vor allem in Walzengießereien, viele Meter tiefe Gießgruben, in denen die Gießformen aufgestellt werden, so daß man von Hüttenflur aus gießen kann.

8. 2 Tempergießereien

In der Tempergießerei wird der Temperguß[1]) fälschlich auch „schmiedbarer Guß" genannt) hergestellt, und zwar entweder der europäische oder weiße Temperguß, bei dem das ledeburitische Ausgangsmaterial in oxydierender Atmosphäre (Roteisenstein, Walzsinter usw.) geglüht und dadurch je nach Dicke der Gußstücke teilweise oder ganz entkohlt bzw. in Temperkohle überführt wird, oder der amerikanische oder schwarze Temperguß, bei dem das Glühen in neutraler Atmosphäre (Sand, Kies, Schlacke, altes Erz oder ganz ohne Packmaterial) ausgeführt und der Zementit des Ledeburits nur in Temperkohle überführt, die Grundmasse aber ferritisch, ferritisch-perlitisch oder perlitisch wird.

Das Schmelzen geschieht überwiegend im Kupolofen, bei besonders hochwertigem Temperguß auch im Martinofen.

Die Formtechnik ist die gleiche wie bei Grauguß oder wie bei Kleinstahlguß. Wegen des stärkeren Lunkerns des weißen Eisens sind stärkere Steigetrichter zu setzen oder stärkere Saugmasseln anzubringen. Die Anschnitte sind beim Eintritt in das Gußstück ein

---

[1]) Siehe H. Borchers, a. a. O.

wenig einzuziehen, damit sie sich nach dem Guß leicht abschlagen lassen, ohne einzubrechen und das Gußstück zu verletzen.

Grate, Teilfugen und Anschnittreste werden durch Schleifen entfernt, und zwar meistens am harten, ungetemperten Gußstück, wenn schon dies einen größeren Schleifscheibenverbrauch bedingt. Beim Schleifen der weichen, getemperten Gußstücke könnte durch lokale Erwärmung bei etwas energischem Schleifen eine Härtung des Gußes an der Schleifstelle eintreten.

Das Tempern erfolgt in Temperöfen unterschiedlichster Bauart. Das Glühgut wird in Tempertöpfen, in das Glühmaterial verpackt, eingesetzt. Man unterscheidet Kammeröfen und Durchlauf- oder Tunnelöfen. Die Kammeröfen können unter oder über Flur aufgebaut sein. Das in die Kammern in Tempertöpfen eingesetzte Glühgut wird in etwa $1^1/_2$ Tagen auf 900 bis 950° aufgeheizt, bleibt 2—4 Tage auf Temperatur und wird dann mit der Kammer langsam in etwa $1^1/_2$ bis 2 Tagen abgeheizt. Bei etwa 500° kann es dem Ofen entnommen werden. Die Tunnelöfen sind langgestreckt, 30—40, manchmal auch 70 m lang, und seitlich durch Gasbrenner (Generatorgas oder Ferngas) beheizt. Dabei werden die Brenner so eingestellt, daß im vorderen Teil des Ofens die Temperatur langsam steigt, in der Mitte ihre größte Höhe erreicht und am Ende des Ofens, der nur wenig oder gar keinen Brenner mehr enthält, wieder bis auf 500° abfällt. Die Tempertöpfe stehen auf kleinen Wagen, die mit einer Stoßvorrichtung durch den Ofen gedrückt werden. An der Chargierseite des Ofens ist eine Gasschleuse, die das Einbringen der Wagen ohne Gas- und Temperaturverlust gestattet.

Nach dem Tempern werden die Gußstücke geputzt, und zwar vornehmlich in Putztrommeln mit Putzsternen, manchmal unter Zusatz von Lederabfällen zum leichten Einfetten.

Die sonstigen Einrichtungen entsprechen denen von Graugießereien.

8. 3 Schleudergießerei

Rohre und Zylinderlaufbüchsen aus Grauguß werden heute vielfach durch Schleuderguß nach dem Verfahren von de Lavaud und anderen hergestellt. Man gießt das flüssige Eisen in eine horizontal liegende rotierende, blanke oder keramisch ausgekleidete Kokille. Unter der Wirkung der Zentrifugalkraft wird das Eisen gegen die Kokillenwand gedrückt, so daß ohne Hilfe eines Kerns ein zylindrischer Hohlkörper entsteht. Die blanken, aus Gußeisen oder Stahl hergestellten Kokillen können für viele tausend Abgüsse verwendet werden, so daß Formarbeit nicht mehr oder, bei Rohren, allenfalls zur Ausbildung des Muffenendes erforderlich ist. Die keramisch ausgekleideten Kokillen (Sandspun-Verfahren)müssen nach jedem Guß erneut hergerichtet werden.

Rohre, die in blanken Kokillen geschleudert werden, werden nach dem Schleudern zur Beseitigung der dünnen Ledeburitschicht, die sich an der Berührungsstelle mit der Kokille bildet, kurz geglüht. Die wesentlich kürzeren Zylinderlaufbüchsen werden in Kokillen geschleudert, in die man vor dem Gießen Graphitpulver einstäubte. Dadurch bildet sich keine Ledeburitschicht, so daß ein nachträgliches Glühen nicht mehr erforderlich ist, vielmehr schädlich wäre, da hierdurch das perlitische Gefüge, das die Büchsen nach dem Schleudern haben, zerstört würde.

Man kann auch um eine vertikale Drehachse schleudern. Das geschieht aber nur bei kleinen, nicht zu langen Gegenständen, beim Eisenguß ist es ganz ungebräuchlich.

Als Schmelzöfen dienen vor allem Kupolöfen, möglichst mit Vorherd. Die übrigen Einrichtungen der Gießereien gleichen denen der Graugießereien.

Schleuderguß erfordert einen sehr großen Auftragsbestand, und zwar nicht nur aus Gründen der Wirtschaftlichkeit, sondern auch aus solchen der Qualität der Gußerzeugnisse.

9. Wirtschaftliche Bedeutung der Gießerei

Dem Statistischen Jahrbuch Deutschlands für das Jahr 1928 war zu entnehmen, daß etwa die Hälfte der im allgemeinen Maschinenbau, Apparatebau und den Kesselschmieden verwendeten Materialien Gußstücke waren, wobei der Anteil an Nichteisenmetallguß nur klein war. Für die Zeit nach 1945 liegen neue Zahlen noch nicht vor. Nach einer unverbindlichen Statistik des Vereins Deutscher Maschinenbau-Anstalten, Düsseldorf [1]), beträgt der Gußanteil in den Jahren 1948 und 1949 etwa 40%. Das Bild ist also im wesentlichen das gleiche geblieben und zeigt die hohe Bedeutung des Gießereiwesens für den angegebenen, wichtigen Wirtschaftszweig.

---

1) Privatmitteilung.

Sachverzeichnis

Naturwissenschaften
und
Technik

SAMMLUNG GÖSCHEN

Jeder Band DM 2,40

Als 1889

„Klopstocks Oden" als erster Band der Sammlung Göschen

erschienen, blickte die G. J. Göschen'sche Verlagshandlung bereits auf ein Jahrhundert ihres Bestehens zurück. 1785 gründete Georg Joachim Göschen den Verlag und machte ihn durch die erste vierbändige Ausgabe der Werke Goethes, die Gesamtausgabe von Wielands Schriften, Schillers Don Karlos und andere Werke der klassischen Literatur schnell berühmt. Dieser vorwärtsdrängende Geist erwies sich weiterhin lebendig, als die Entwickelung der wirtschaftlichen und technischen Zeitverhältnisse längst das Interesse der Allgemeinheit von der reinen Dichtung zum Gebrauchsbuch geführt hatte.

Der große Gedanke, die Errungenschaften der Wissenschaften, Künste und Technik in knappster Form und zu billigem Preise einem weiten Leserkreis nahezubringen, wurde erstmalig in der »Sammlung Göschen« verwirklicht. Es ist kulturhistorisch interessant, an ihrer mehr als sechzigjährigen Geschichte die Veränderung des Zeitgeistes zu beobachten, zugleich aber auch die Hebung des geistigen Niveaus der Sammlung festzustellen. Stellten sich noch die allerersten Bändchen überwiegend auf die geistigen Bedürfnisse der obersten Klassen Höherer Schulen in ihrer ausgesprochenen philologischen und historischen Ausrichtung ein, treten nach der Jahrhundertwende die exakten Wissenschaften und die praktische Meisterung technischer Probleme in den Vordergrund. Gleichzeitig mit der Hebung der Allgemeinbildung wächst auch der Kreis der Benutzer. Der Aufbau der Sammlung folgt bereitwillig den neuen Strömungen. Grundsätzlich wird nun Gehalt und Gestalt auf den an Hochschulen üblichen Lehrstoff abgestellt, so daß die »Sammlung Göschen« das beliebteste und begehrteste Rüstzeug des Studenten wird. Wenn auch die steigenden Lebenshaltungskosten eine Anpassung des Preises erzwingen, so ist gerade in Zeiten der wirtschaftlichen Not, wie sie Deutschland seit dem Zusammenbruch durchlebt, das knappe, wissenschaftlich gediegene, allgemeinverständliche, billige Buch der erwünschte Helfer für alle Vorwärtsstrebenden, seien es Studenten oder Gelehrte, Arbeiter oder Männer der Wirtschaft und Technik.

Naturwissenschaften und Technik

Mathematik

Formelsammlungen, Logarithmentafeln

Mathematische Formelsammlung	von *F. Ringleb.* 5., verbesserte Aufl. Mit 57 Fig. 274 S. 1949.	51
Formelsammlung zur praktischen Mathematik	von *G. Schulz.* Durchgesehener Neudruck. Mit 10 Abb. 147 S. 1945.	1110
Vierstellige Tafeln und Gegentafeln	für logarithmisches und trigonometrisches Rechnen in zwei Farben zusammengestellt von *H. Schubert* und *R. Haussner.* Neudruck. 1951. In Vorbereitung.	81
Fünfstellige Logarithmen	Mit mehreren graphischen Rechentafeln und häufig vorkommenden Zahlwerten. Von *A. Adler.* 2. Aufl. Neudruck. 1. Tafel. 127 S. 1949.	423

Arithmetik und Algebra

Einführung in die Zahlentheorie	von *A. Scholz.* Neudruck. 136 S. 1945.	1131
Arithmetik	von *P. B. Fischer.* 2. Aufl. Neudruck. Mit 19 Abb. 152 S. 1951. In Vorbereitung.	47
Höhere Algebra	von *H. Hasse.* I. Lineare Gleichungen. 3. Aufl. 152 S. 1951.	931
	II. Gleichungen höheren Grades. 3. Aufl. 5 Fig. 158 S. 1951.	932
Determinanten	von *P. B. Fischer.* 4. Aufl. Neudruck. 116 S. 1951. In Vorbereitung.	402

Mathematik

Gruppentheorie	von *L. Baumgartner.* 2. Aufl. Mit 6 Fig. 115 S. 1949.	837
Aufgabensammlung zur höheren Algebra	von *H. Hasse* und *W. Klobe.* 2. Aufl. 1951. In Vorbereitung.	1082
Mengenlehre	von *E. Kamke.* 3. Aufl. Mit 6 Fig. 160 S. 1951. In Vorbereitung.	999

Analysis

Elemente der Funktionentheorie	von *K. Knopp.* 3. Aufl. Mit 23 Fig. 144 S. 1949.	1109
Funktionentheorie	I: Grundlagen der allgemeinen Theorie der analytischen Funktion von *K. Knopp.* Mit 8 Fig. 7. Aufl. 139 S. 1949.	668
	II: Anwendungen und Weiterführung der allgemeinen Theorie. Mit 7 Fig. 7. Aufl. 130 S. 1949.	703
Aufgabensammlung zur Funktionentheorie	I: Aufgaben zur elementaren Funktionentheorie von *K. Knopp.* 4. Aufl. 135 S. 1949.	877
	II: Aufgaben zur höheren Funktionentheorie. 4. Aufl. 151 S. 1949.	878
Gewöhnliche Differentialgleichungen	von *G. Hoheisel.* 4., neubearb. Auflage. 129 S. 1951. In Vorbereitung.	920
Partielle Differentialgleichungen	von *G. Hoheisel.* 3. Aufl. 1951. In Vorbereitung.	1003
Aufgabensammlung zu den gewöhnlichen und partiellen Differentialgleichungen	von *G. Hoheisel.* 2. Aufl. 1951. In Vorbereitung.	1059

Mathematik

Differentialrechnung	von *A. Witting.* 3., neubearb. Aufl. Mit 95 Fig. und 200 Beispielen. Durchgesehener Neudruck. 201 S. 1949.	87
Repetitorium und Aufgabensammlung zur Differentialrechnung	von *A. Witting.* 2. Aufl. Neudruck. 122 S. 1949.	146
Integralrechnung	2., verbesserte Aufl. von *A. Witting.* Durchgesehener Neudruck. Mit 62 Fig. und 190 Beispielen, 176 S. 1949.	88
Repetitorium und Aufgabensammlung zur Integralrechnung	von *A. Witting.* 2. Aufl. Neudruck. 121 S. 1949.	147
Einführung in die konforme Abbildung	von *L. Bieberbach.* 4. Aufl. Mit 42 Zeichnungen. 147 S. 1949.	768

Geometrie

Darstellende Geometrie	von *R. Haussner.* 1. Teil: Elemente, ebenflächige Gebilde 6., unveränderte Auflage. Mit 110 Fig. 207 S. 1947.	142
	2. Teil: Perspektive ebener Gebilde, Kegelschnitte. 5., unveränderte Aufl. Mit 88 Fig. 168 S. 1947.	143
Sammlung von Aufgaben und Beispielen zur analytischen Geometrie der Ebene	von *R. Haussner.* Neudruck. Mit 22 Fig. 139 S. 1949.	256
Ebene und sphärische Trigonometrie	von *H. Hessenberg.* 3., neubearbeitete Auflage, durchges. Neudruck. 1951. In Vorbereitung.	99

Mathematik

Differentialgeometrie	Raumkurven und Anfänge der Flächentheorie von *R. Rothe*. Neudruck. 32 Abb., 132 S. 1951. In Vorbereitung.	1113
Nichteuklidische Geometrie	von *R. Baldus*. 3. Aufl. Mit 71 Fig. 152 S. 1951. In Vorbereitung.	970

Angewandte Mathematik

Vermessungskunde	von *P. Werkmeister*. I. Stückmessung und Nivellieren 9. Aufl. Mit 145 Figuren. 172 S. 1949.	468
	II. Messung von Horizontalwinkeln. Festlegung von Punkten im Koordinatensystem. Absteckungen. 7. Aufl. Mit 63 Fig. 151 S. 1949.	469
	III. Trigonometrische und barometrische Höhenmessung. Tachymetrie und Topographie. 6. Aufl. Mit 64 Fig. 147 S. 1951. In Vorbereitung.	862
Praktisches Zahlenrechnen	von *P. Werkmeister*. 4. Aufl. Mit 60 Fig. 136 S. 1951. In Vorbereitung.	405
Versicherungsmathematik	von *F. Böhm*. I: Elemente der Versicherungsrechnung 2., vermehrte und verbesserte Auflage. Neudruck. 149 S. 1951.	180
	II: Lebensversicherungsmathematik. Einführung in die technischen Grundlagen der Sozialversicherung. 1951. In Vorbereitung.	917
Vektoralanalysis	von *S. Valentiner*. 7., wesentl. veränderte Auflage. Mit 19 Fig. 138 S. 1950.	354

Geschichte

Geschichte der Mathematik	von *J. E. Hofman.* I: Von den Anfängen bis zum Auftreten von Format und Descartes. 192 S. 1951. In Vorbereitung.	226

Physik

Physikalische Formelsammlung	von *G. Mahler.* 8., verbess. Aufl. 153 S. 1950.	136
Physikalische Aufgabensammlung	von *G. Mahler.* 7. Aufl. 128 S. 1951. In Vorbereitung.	243
Differentialgleichungen der Physik	von *E. Sauter.* 2. Aufl. Mit 16 Fig. 148 S. 1950.	1070
Einführung in die Kristalloptik	von *E. Buchwald.* 4. Aufl. 116 Fig. 134 S. 1951. In Vorbereitung.	619
Physikalisch-Chemische Rechenaufgaben	von *E. Asmus.* 2. Aufl. 96 S. 1949.	445
Vektoranalysis	von *S. Valentiner.* 7., wesentl. veränderte Auflage. Mit 19 Fig. 138 S. 1950.	354

Chemie

Allgemeine und anorganische Chemie

Geschichte der Chemie	Bd. I: Vom Altertum bis zur Entdeckung des Sauerstoffs von *G. Lockemann.* Mit 8 Abb. 143 S. 1950.	264

Chemie

Allgemeine und physikalische Chemie	von *W. Schulze.* I. Teil. 3., durchgesehene Auflage. Mit 22 Fig. 146 S. 1949.	71
	II. Teil. 3., durchgesehene Auflage. Mit 36 Fig. 160 S. 1949.	698
Physikalisch-Chemische Rechenaufgaben	von *E. Asmus.* 2. Aufl. 96 S. 1949.	445
Anorganische Chemie	von *W. Klemm.* 6. Aufl. Mit 18 Abb. 184 S. 1944.	37
Thermochemie	von *W. Roth.* 2., verbesserte Aufl. 109 S. 1947.	1057
Stöchiometrische Aufgabensammlung	mit den Ergebnissen von *W. Bahrdt* und *R. Scheer.* 5. Aufl. 1951. In Vorbereitung.	452

Organische Chemie

Organische Chemie	von *W. Schlenk.* 5. Aufl. Mit 17 Fig. 239 S. 1949.	38

Experimentelle Chemie

Analytische Chemie	von *J. Hoppe.* I: Reaktionen. 5., verbesserte Aufl. 135 S. 1950.	247
	II: Gang der qualitativen Analyse. 5., verbesserte Aufl. 168 S. 1950.	248
Maßanalyse	Theorie und Praxis der klassischen und der elektrochemischen Titrierverfahren von *G. Jander* und *K. F. Jahr.* Band 1: 6. Aufl. 140 S. 1951. In Vorbereitung.	221
	Band 2: 5. Aufl. Mit 24 Fig. 139 S. 1948.	1002

Elektrochemie

Elektrochemie und ihre physikalisch-chemischen Grundlagen	von *A. Dassler.* Bd. I: Mit 21 Abb. 149 S. 1950.	252
	Bd. II: Mit 17 Abb. 178 S. 1950.	253

Naturwissenschaften

Biologie

Hormone	von *G. Koller.* 2. Aufl. Mit 60 Abb. und 19 Tab. 187 S. 1949.	1141
Geschlecht und Geschlechtsbestimmung im Tier- und Pflanzenreich	von *M. Hartmann.* 2. Aufl. Mit 62 Abb. 155 S. 1951. In Vorbereitung.	1127
Fortpflanzung im Tier- und Pflanzenreich	von *J. Hämmerling.* 2., ergänzte Aufl. Mit 101 Abb. 135 S. 1951.	1138
Grundriß der allgemeinen Mikrobiologie	von *W. Schwartz.* Band I. Mit 17 Abb. 104 S. 1949.	1155
	Band II. Mit 12 Abb. 93 S. 1949.	1157
Symbiose der Tiere mit pflanzlichen Mikroorganismen	von *P. Buchner.* 2., verb. und vermehrte Auflage. Mit 121 Abb. 130 S. 1949.	1128

Botanik

Entwicklungsgeschichte des Pflanzenreiches	von *H. Heil.* 2. Aufl. Mit 94 Abb. und 1 Tab. 138 S. 1950.	1137
Morphologie der Pflanzen	von *L. Geitler.* 3. Aufl. 1951. In Vorbereitung.	141
Pflanzengeographie	von *L. Diels.* 4., verb. Aufl. Mit 1 Karte. 167 S. 1945.	389

Pflanzenzüchtung	von *H. Kuckuck.* 2., durchges. Aufl. Mit 12 Abb. 125 S. 1944.	1134
Die Laubhölzer	von *W. Neger* und *E. Münch.* 3., durchges. Aufl., herausgegeben von *B. Huber.* Mit 63 Fig. und 7 Tab. 142 S. 1950.	718

Zoologie

Vergleichende Physiologie der Tiere	von *K. Herter.* I: Stoff- und Energiewechsel. 3. Aufl. Mit 64 Abb. 155 S. 1950.	972
	II: Bewegung und Reizerscheinungen. 3. Aufl. Mit 110 Abb. 148 S. 1950.	973

Geologie - Mineralogie - Kristallographie

Geologie	von *H. Cloos.* 3. Aufl. 77 Abb. 144 S. 1951. In Vorbereitung.	13
Mineralogie	von *R. Brauns* und *K. F. Chudoba.* 8., neubearb. Aufl. Mit 125 Textfiguren und 9 Abb. auf einer Tafel. 143 S. 1943.	29
Petrographie	von *W. Bruhns.* 3., durchgesehene Aufl. Mit 10 Figuren. 117 S. 1949.	173
Kristallographie	von *W. Bruhns* und *P. Ramdohr.* 4. Aufl. 1951. In Vorbereitung.	210
Lötrohrprobierkunde	Mineraldiagnose mit Lötrohr und Tüpfelreaktion von *M. Henglein.* 3., verb. Aufl. Mit 11 Fig. 91 S. 1949.	483

Land- und Forstwirtschaft

Kulturtechnische Bodenverbesserungen	von O. *Fauser*. I: Allgemeines, Entwässerung 4., neubearbeitete Aufl. 122 S. 1947.	691
	II: Bewässerung, Ödlandkultur, Umlegung. 4., neubearb. Aufl. 150 S. 1948.	692
Die Laubhölzer	von *W. Neger* und *E. Münch*. 3., durchgeseh. Aufl., hsg. von B. *Huber*. Mit 63 Fig. u. 7 Tab. 142 S. 1950.	718

Ingenieurwissenschaften

Allgemeines

Technische Tabellen und Formeln	von *W. Müller*. 4., überarbeitete Aufl. von *E. Schulze*. 1951. In Vorbereitung.	579
Technische Thermodynamik	von *W. Nusselt*. I: Grundlagen. 3., verb. Aufl. Mit 71 Abb. 144 S. 1951.	1084
	II: Theorie der Wärmekraftmaschinen. Neudruck. Mit 87 Abb. u. 32 Zahlentafeln. 144 S. 1951.	1151
Festigkeitslehre	von *W. Gebler* und *W. Herberg*. I: Elastizität, Plastizität und Festigkeit der Baustoffe und Bauteile Neudruck. 1951. In Vorbereitung.	1144

Metallkunde	von *H. Borchers.* I: Aufbau der Metalle und Legierungen. Mit 2 Tab. und 90 Abb. 3. Aufl. 110 S. 1951.	432
	II: Eigenschaften, Grundzüge der Form und Zustandsgebung. 2. Aufl. Mit 8 Tab., 100 Abb. 154 S. 1951. In Vorbereitung.	433
Technische Schwingungslehre	von *L. Zipperer.* Bd. I. 2. Aufl. 1951. In Vorbereitung.	953

Maschinenbau

Die Maschinenelemente	von *E. vom Ende.* 2., verbesserte Aufl. Mit 175 Fig. und 12 Taf. 159 S. 1950.	3
Das Maschinenzeichnen mit Einführung in das Konstruieren	von *W. Tochtermann.* I: Das Maschinenzeichnen. 4. Aufl. Mit 77 Tafeln. 156 S. 1950.	589
	II: Ausgeführte Konstruktionsbeispiele. 4. Aufl. Mit 58 Tafeln. 130 S. 1950.	590
Die Dampfkessel und Feuerungen einschließlich Hilfseinrichtungen	in Theorie. Konstruktion und Berechnung. von *W. Marcard,* neubearb. von *K. Beck.* I: Die theoretischen Grundlagen. Wärme, Verbrennung, Wärmeübertragung. Mit 42 Abb. und 16 Tab. 150 S. 1951. In Vorbereitung.	9
	II: Dampfkessel. Mit 53 Abb. und mehreren Tab. 2. Aufl. 138 S. 1951. In Vorbereitung.	521
Gießereitechnik	von *H. Jungbluth.* I. Teil: Eisengießerei. Mit zahlreichen Abb. 136 S. 1951. In Vorbereitung.	1159
Autogenes Schweißen und Schneiden	von *H. Niese.* 5. Aufl., neubearb. von *A. Küchler.* Mit 71 Fig. 136 S. 1951. In Vorbereitung.	499

Ingenieurwissenschaften

Hoch- und Tiefbau

Die wichtigsten Baustoffe des Hoch- und Tiefbaues	von *O. Graf*. 3., verb. Aufl. Mit 58 Abb. 126 S. 1947.	984
Baustoffverarbeitung und Baustellenprüfung des Betons	von *A. Kleinlogel*. Mit 35 Abb. 126 S. 1950.	970
Grundlagen des Stahlbetonbaues	von *A. Troche*. 2. Aufl. 1951. In Vorbereitung.	1078
Fenster, Türen, Tore aus Holz und Eisen	von *W. Wickop*. 3., überarbeitete und ergänzte Aufl. Mit 96 Abb. 154 S. 1949.	1092

Elektrotechnik

Die Gleichstrommaschine	von *K. Humburg*. I: Durchgesehener Neudruck. Mit 59 Abb. 102 S. 1949.	257
	II: Durchgesehener Neudruck. Mit 38 Abb. 98 S. 1949.	881
Die synchrone Maschine	von *K. Humburg*. Mit 79 Bildern. 109 S. 1950.	1146
Transformatoren	von *W. Schäfer*. 2. Aufl. Mit 74 Abb. 128 S. 1949.	952
Die komplexe Berechnung von Wechselstromschaltungen	von *H.-H. Meinke*. Mit 114 Abb. 160 S. 1949.	1156
Theoretische Grundlagen zur Berechnung der Schaltgeräte	von *F. Kesselring*. 3. Aufl. Mit 92 Abb. 143 S. 1950.	711
Elektromotorische Antriebe	(Grundlagen für die Berechnung) von *A. Schwaiger*. 3. Aufl. 32 Abb. 102 S. 1951.	827

Überspannungen und Überspannungsschutz

von *G. Frühauf.*
Neudruck. Mit 98 Abb. 122 S. 1951. 1132

Wasserbau

Verkehrswasserbau

von *H. Dehnert.*
I: Entwurfsgrundlagen. Flußregelungen
Mit 52 Textabb. 102 S. 1950. 585

II: Flußkanalisierungen und Schiffahrtskanäle. Mit 60 Textabb. 92 S. 1950. 597

III. Schleusen und Hebewerke.
Mit 70 Textabb. 98 S. 1950. 1152

Technologie

Warenkunde

von *K. Hassak* und *E. Beutel.*
Bd. I: Anorganische Waren sowie Kohle und Erdöl. Mit 19 Fig. 116 S. 1947. 222

Bd. II: Organische Waren.
Mit 32 Fig. 143 S. 1949. 223

Die Fette und Öle

von *K. Braun.* 5. Aufl. Vollständig neubearb. und verbess. von *Th. Klug.*
142 S. 1950. 335

Unsere Verlagsgebiete

Theologie · Religionswissenschaft · Philosophie · Psychologie · Pädagogik · Geschichte · Soziologie · Rechts- und Staatswissenschaften · Volkswirtschaft · Handelswissenschaft · Biographien · Schachliteratur · Kulturgeschichte · Vorgeschichte · Archäologie · Literaturwissenschaft · Sprachwissenschaft · Orientalistik · Kunst · Musik · Mathematik · Astronomie · Physik · Chemie · Geologie · Mineralogie · Biologie · Botanik · Zoologie · Erd- und Völkerkunde · Medizin · Psychiatrie · Hygiene · Tierheilkunde · Pharmazie · Technik · Bauwesen · Berg- und Hüttenwesen · Technologie · Land- und Forstwirtschaft.

*

Der »Verlagskatalog 1749–1949« enthält alle Werke und Zeitschriften unserer Verlage, die noch lieferbar sind. Über die laufende Produktion unterrichten die Auswahlkataloge »Für Studium und Praxis«. Sie liegen für die Gebiete Mathematik – Naturwissenschaften – Rechtswissenschaften – Theologie – Medizin vor, weitere folgen für die anderen Disziplinen.

Prospekte für alle Neuerscheinungen stehen jederzeit zur Verfügung.

Druck: Brüder Hartmann, Berlin. 4. 51. 800

Kolibri 360 GmbH
Ferdinand-Jühlke-Straße 7
99095 Erfurt, Deutschland
produktsicherheit@kolibri360.de